Simple French Grammar For You

Essential activities to help you understand the language and build a solid foundation

Saadia Isahac

TABLE OF CONTENTS

Les articles définis

Definite articles

Comment dit-on "the" en français?

How to say "the" in French?

	Masculin	Féminin
Singulier	le	la
Avant une voyelle	l'	l'
Pluriel	les	les

Remplis les espaces avec l'article défini approprié.

Fill in the blanks with the correct definite article.

The cat - _________ chat (m)

The books - _________ livres (m, pl)

The school - _________ école (f)

The flowers - _________ fleurs (f, pl)

The boys - _________ garçons (m, pl)

The elephant - _________ éléphant (m)

The strawberry - _________ fraise (f)

The house - _________ maison (f)

The plane - _________ avion (m)

The pen - _________ stylo (m)

The dress - _________ robe (f)

The cars - _________ voitures (f, pl)

Complète les phrases suivantes avec les mots corrects en français.
Complete the following sentences with the correct word in French.

1. _______________________ est délicieuse.
        The strawberry

2. _______________________ jouent au soccer.
        The boys

3. _______________et _______________ sont sur la table.
        The pen   the books

4. Je mets _______________ dans un vase.
        the flowers

5. _______________________ est très grand.
        The elephant

6. Où est _______________?
        the cat

7. La banque est près de _______________.
        the school

8. _______________________ est petite et blanche.
        The house

9. Je vois ___________________________.
                    the plane

10. ___________________________ sont rouges.
                The cars

11. Elle adore ___________________________ bleue.
                        the dress

Encercle la bonne réponse.
Circle the correct answer.

M= masculin   F= féminin

la musique	M / F		le biscuit	M / F
le papillon	M / F		la lune	M / F
la rivière	M / F		le lait	M / F
le bateau	M / F		la fille	M / F
le sofa	M / F		le tennis	M / F
la chemise	M / F		le train	M / F
la fenêtre	M / F		la télévision	M / F
la porte	M / F		le centre commercial	M / F

Complète les phrases avec l'article défini approprié.
Complete the sentences with the correct definite article.

1. .... classe (f) commence à huit heures quinze du matin.

2. Je ne comprends pas .... question. (f)

3. Où est .... sac à dos (m) vert?

4. .... parents (m, pl) de Charles sont très sympas.

5. .... école (f) est près de ma maison.

6. Je n'aime pas ....pommes (f, pl). Je préfère.. raisins. (m,pl)

7.. oiseau (m) est petit mais .... baleine (f) est grande.

8. Il met .... gomme (f) sur .... table. (f)

9. .... enfants (m,pl) jouent au parc.

10. Elles veulent aller à .... bibliothèque. (f)

11. Je pense que .... professeur (m) est très comique.

12. Pourquoi tu ne manges pas .... (f,pl) carottes?

13. Il a mal à .... estomac. (m)

14. .... fleurs (f,pl) sont belles.

15. J'adore .... beignets (m,pl) au chocolat.

Les articles indéfinis

Indefinite articles

Comment dit-on "a/an" en français?

How to say "a/an" in French?

Masculin	un
Féminin	une

exemples: un chien - a dog

une pomme - an apple

Comment dit-on "some" en français?

How to say "some" in French?

Masculin	des
Féminin	des

exemples: des crayons - some pencils

des enfants - some children

Insère l'article indéfini approprié.
Insert the correct indefinite article.

1. A bicycle - _____________ vélo (m)

2. An apple -____________ pomme (f)

3. Some tigers - ____________ tigres (m, pl)

4. A plant -____________ plante (f)

5. An umbrella - ____________ parapluie (m)

6. Some insects - ____________ insectes (m, pl)

7. A circle - ____________ cercle (m)

8. A chair - ____________ chaise (f)

9. Some teachers - ____________ professeurs (m, pl)

10. A star - ____________ étoile (f)

11. An apricot - ____________ abricot (m)

12. Some students - ____________ étudiants (m, pl)

Utilise le vocabulaire au-dessus pour compléter les phrases suivantes avec les mots corrects en français.
Use the vocabulary to complete the following sentences with the correct words in French.

1. _______________________________ sont feroces.
      Some tigers

2. Il y a ____________________ dans le ciel.
      a star

3. J'ai _______________________ jaune.
                  an umbrella

4. Mon frère veut _______________________ pour son anniversaire.
                       a bicycle

5. Je vois _______________________ dehors.
                 some insects

6. Lucy mange _______________________ et _______________________.
                 an apple   an apricot

7. Nous avons _______________________ dans le bureau.
                 a plant

8. La pizza est _______________________.
                 a circle

9. J'ai rencontré _______________________ au restaurant.
                 some teachers

10. Il y a _______________________ derrière la porte.
                 a chair

Encercle la bonne réponse.
Circle the correct answer.

M= masculin   F= féminin

un chat   M / F

une trousse   M / F

une table   M / F

un dossier   M / F

une sorcière   M / F

une banque   M / F

un avion   M / F

une chanteuse   M / F

un kangourou   M / F

un pot   M / F

une couleur   M / F

un ordinateur   M / F

une tête   M / F

une veste   M / F

un canard   M / F

Complète les phrases avec l'article indéfini approprié.
Complete the sentences with the correct indefinite article.

1. Il y a .... perroquet (m) sur .... branche. (f)

2. Je vois .... ballon (m) rouge.

3. C'est .... règle. (f)

4. Il y a .... cadeaux (m, pl) sous l'arbre.

5. Ce sont .... chaussures. (f, pl)

6. Je regarde .... film (m) d'aventure.

7. Vous buvez .... tasse (f) de thé.

8. J'ai .... frère (m) et .... soeur. (f)

9. Il y a .... fruits (m, pl) et .... légumes (m, pl) dans le panier.

10. Nathalie va à .... université (f) à Paris.

11. Nous avons .... test (m) de mathématiques aujourd'hui.

12. Ce sont .... pandas. (m, pl)

13. Marc porte .... t-shirt (m) bleu.

14. Est-ce que tu habites loin d' .... librairie? (f)

15. Je mange .... cerises (f, pl) et .... bleuets. (m, pl)

Nom	Article défini	Article indéfini
cahier (m) - notebook	le cahier	un cahier
jupe (f) - skirt		
bonbon (m) - candy		
grenouille (f) - frog		
bouche (f) - mouth		
arbre (m) - tree		
oreille (f) - ear		
pupitre (m) - desk		
chapeau (m) - hat		
tante (f) - aunt		
lapin (m) - rabbit		
étoile (f) - star		
marqueur (m) - marker		
jeu (m) - game		
porte (f) - door		
fille (f) - girl		
jardin (m) - garden		

Le pluriel
Forming the plural

- Add "s" to the noun to make it plural.

ex: le livre - les livres

- If the noun ends in "u", add "x" to make it plural.

ex: le château - les châteaux

- If the noun ends in "l", remove "l" and add "ux" to make the noun plural.

ex: le cheval - les chevaux

- If the noun ends in "s" ou "x", you do not need to add anything. Leave the noun as is.

ex: un tapis - des tapis

IMPORTANT:

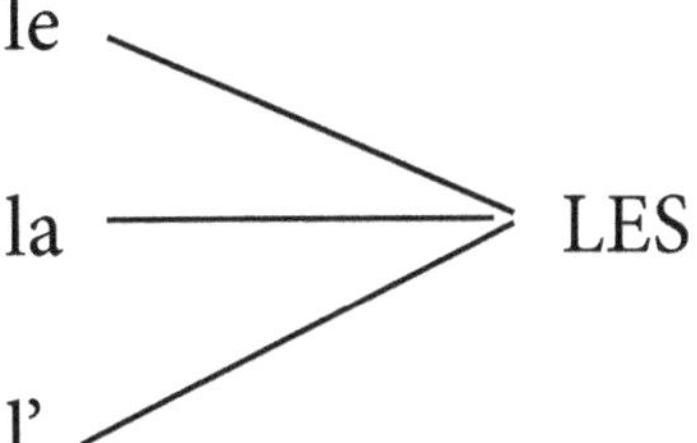

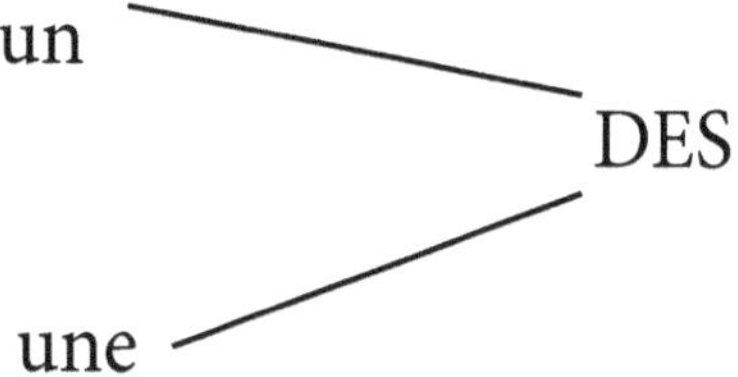

Forme le pluriel des noms suivants.
Form the plural of the following nouns.

1. la pêche - _______________________________________

2. un rhinocéros - _______________________________________

3. l'ordinateur - _______________________________________

4. une chaussette - _______________________________________

5. le magasin - _______________________________________

6. un bureau - _______________________________________

7. la girafe - _______________________________________

8. le jeu - _______________________________________

9. une pizza - _______________________________________

10. l'ours - _______________________________________

11. la poire - _______________________________________

12. un homme - _______________________________________

13. le gâteau - _______________________________________

14. l'orange - _______________________________________

15. une amie - _______________________________________

16. la glace - _______________________________________

17. le bus - _______________________________________

18. un animal - _______________________________________

19. l'ananas - _______________________________________

20. une fleur - _______________________________________

Écris la phrase et change les mots soulignés au pluriel.
Write the sentence and change the underlined words to the plural.

exemple: Tu manges <u>une banane</u>. - <u>Tu manges des bananes.</u>

1. Je vois <u>une araignée</u> sur le toit.

____

2. Il y a <u>un camion</u> devant la maison.

____

3. Voici <u>un tableau</u>.

____

4. La directrice punit <u>l' étudiant</u>.

____

5. Je déteste <u>le hotdog</u>.

____

6. Marie met <u>l'agenda</u> dans le sac.

____

7. Ferme <u>la fenêtre</u> maintenant.

____

8. Nous recevons <u>une carte</u>.

____

9. Il gagne <u>un prix</u>.

____

10. Où sont <u>le singe</u> et <u>l'iguane</u>?

____

Complète la grille. Suis l'exemple.

Complete the chart. Follow the example.

Nom	Article défini Singulier	Article défini Pluriel	Article indéfini Singulier	Article indéfini Pluriel
papier (m)	le papier	les papiers	un papier	des papiers
banane (f)				
restaurant (m)				
train (m)				
fête (f)				
salle (f)				
poisson (m)				
monstre (m)				
trousse (f)				
journal (m)				
lettre (f)				
souris (f)				
manteau (m)				
dictionnaire (m)				
écharpe (f)				

Les adjectifs
Adjectives

To form the feminine of regular adjectives, you simply add "e"

    ex: petit – petite

        content – contente

If an adjective already ends in "e" then you leave it as is.

    ex: rouge – rouge

        difficile – difficile

Exceptions to the Rule:

If an adjective ends in "x", remove the "x" and add "se" to form the feminine.

    ex. sérieux – sérieuse

If an adjective ends in "f" remove the "f" and add "ve" to form the feminine.

    ex. actif – active

If an adjectives ends in "é", simply add another "e" to form the feminine.

    ex. fatigué - fatiguée

If an adjective ends in "l", add "le" to form the feminine.

    ex. gentil – gentille

Les adjectifs irréguliers
Irregular adjectives

Masculin	Féminin
beau	belle
blanc	blanche
complet	complète
favori	favorite
long	longue
nouveau	nouvelle
vieux	vieille
violet	violette

Adjectives are usually placed AFTER the noun that they describe.

ex. the yellow pencil - le crayon jaune

Adjectives must agree in number and gender with the noun that they describe.

ex. the smart girl - la fille intelligente

the black doors - les portes noires

EXCEPTION: There are some adjectives that are placed before the noun. Most people use the term "BAGS" to help them remember these adjectives.

Beauty - beau, joli

Age - vieux, jeune, nouveau

Goodness - bon, mauvais, meilleur

Size - grand, petit, court, long, gros, haut

Change les adjectifs suivants à la forme féminine.
Change the following adjectives to the feminine.

1. facile - _________________________________

2. optionnel - _________________________________

3. important - _________________________________

4. fâché - _________________________________

5. nerveux - _________________________________

6. sportif - _________________________________

7. excellent - _________________________________

8. fantastique - _________________________________

9. intelligent -_________________________________

10. grand - _________________________________

11. joli - _________________________________

12. méchant - _________________________________

13. rapide - _________________________________

14. généreux - _________________________________

15. créatif - _________________________________

16. populaire -_________________________________

17. ennuyé - _________________________________

18. amusant - _________________________________

Complète les phrases avec la forme féminine des adjectifs.
Complete the sentences with the feminine form of the adjectives.

1. Il est heureux. Elle est _______________________________

2. Il est branché. Elle est _______________________________

3. Il est fort. Elle est _______________________________

4. Il est riche. Elle est _______________________________

5. Il est poli. Elle est _______________________________

6. Il est courageux. Elle est _______________________________

7. Il est comique. Elle est _______________________________

8. Il est paresseux. Elle est _______________________________

9. Il est maigre. Elle est _______________________________

10. Il est effrayé. Elle est _______________________________

11. Il est aventureux. Elle est _______________________________

12. Il est patient. Elle est _______________________________

13. Il est coopératif. Elle est _______________________________

14. Il est triste. Elle est _______________________________

15. Il est charmant. Elle est _______________________________

16. Il est jeune. Elle est _______________________________

Le vocabulaire

facile – easy

branché – cool

courageux – brave

intelligent - smart

fatigué – tired

fâché - angry

nerveux – nervous

triste - sad

fantastique – fantastic / terrific

grand - big

joli – pretty

méchant - naughty

rapide – fast

fort – strong

généreux – generous / kind

petit – small

content – happy

gentil – nice

riche – rich

excellent – excellent

effrayé – scared / frightened

heureux - happy

charmant - charming

jeune - young

Mots Melangés
Word Search

t	f	a	n	t	a	s	t	i	q	u	e
n	e	d	x	u	e	g	a	r	u	o	c
e	g	r	a	n	d	p	i	e	h	n	f
g	b	i	o	s	v	l	m	c	o	s	a
i	u	c	w	c	o	n	t	e	n	t	v
l	m	h	i	j	u	r	i	p	r	r	k
l	g	e	k	u	e	w	g	i	a	o	g
e	u	n	z	d	v	b	s	e	w	f	e
t	f	o	i	n	x	t	a	d	l	p	n
n	e	p	r	w	e	n	k	a	h	d	t
i	a	k	e	v	l	s	g	u	m	o	i
r	h	d	s	f	a	c	i	l	e	c	l

Trouve les mots suivants en FRANÇAIS.

fast	nice	happy	smart
brave	pretty	sad	rich
easy	fantastic	big	strong

Complète la grille
Complete the table

Masculin	Féminin	Pluriel Masculin & Féminin
chaud (hot)	chaude	chauds chaudes
serviable (helpful)		
sensationnel (terrific)		
délicieux (delicious)		
court (short)		
responsable (responsible)		
organisé (organized)		
impulsif (impulsive)		
furieux (furious)		
pauvre (poor)		
âgé (old)		
mauvais (bad)		
propre (clean / neat)		
froid (cold)		

Lis le paragraphe et insère l'adjectif correct de la banque dans les espaces.

Read the paragraph and insert the correct adjective from the bank in the spaces.

blanche	petit	serviable
rouge	gentil	noir
adorable	méchant	intelligent
belle	bleu	grande

Paul habite dans une _____________________ maison près du lac. Elle est aussi

_____________________ et _____________________. Il y a six personnes dans sa

famille. Son père est très _____________________ et sa mère est _____________________.

Paul a un _____________________ frère et deux soeurs. Il a beaucoup d'animaux

domestiques. Son chien, Max, est _____________________ et il est très

_____________________ mais Lucille, le chat est _____________________.

Paul a un hamster _____________________. Son oiseau est _____________________ et

_____________________.

Encercle la bonne réponse.
Circle the correct answer.

1. La femme est généreux / généreuse / généreuses.

2. Il adore les pommes vert / verts / vertes.

3. Le repas est très délicieux / délicieuse / délicieuses.

4. La calculatrice est violet / violete / violette.

5. J'ai une beau / belle / beaux robe.

6. Les chats sont paresseux / paresseuse / paresseuses.

7. Il y a des petit/ petits / petites insectes dehors.

8. Nous avons une grand / grande / grands piscine.

9. C'est un parapluie noir / noire / noirs.

10. Les sacs sont lourd / lourde / lourds.

Écris le mot correct en français. Prête attention à l'accord de l'adjectif.
Write the correct word in French. Pay attention to the agreement of adjectives.

1. Le café est trop _______________________. (hot)

2. Jenny porte une _______________ (short) jupe _______________. (pink)

3. Les garçons sont _______________________ (tired) aujourd'hui.

4. L'homme est _______________________. (strong)

5. J'ai une _______________ (new) veste.

6. L' oncle de Claudette est _______________. (rich)

7. Je suis _______________ (happy) parce que j'ai réussi mon examen.

8. Gabriel est _______________ (sick) aujourd'hui.

9. Le tennis est un sport _______________ (easy).

10. Les enfants sont _______________ (scared) parce qu'ils ont regardé un film d'horreur.

11. La salle de classe est bien _______________________. (organized)

12. Les rhinocéros sont très _______________________. (big)

13. Émilie et Michelle sont _______________________. (brave)

14. Tu as un professeur _______________________. (fantastic)

15. Les étudiants sont _______________________. (responsible)

Les nationalités
Nationalities

Pays	Masculin	Féminin
Le Canada	canadien	canadienne
La France	français	française
L'Italie	italien	italienne
Les États - Unis	américain	américaine
La Chine	chinois	chinoise
L'Angleterre	anglais	anglaise
Le Japon	japonais	japonaise
La Grèce	grec	grecque
L'Espagne	espagnol	espagnole
L'Australie	australien	australienne
Le Brésil	brésilien	brésilienne
Le Mexique	mexicain	mexicaine
Le Portugal	portugais	portugaise
La Russie	russe	russe
L'Allemagne	allemand	allemande

Lis et complète les phrases suivantes avec la nationalité appropriée.
Read and complete the following sentences with the correct nationality.

1. Je suis né(e) au Canada. Je suis _______________________________.

2. Je suis né(e) au Mexique. Je suis _______________________________.

3. Je suis né(e) au Japon. Je suis _______________________________.

4. Je suis né(e) en Espagne. Je suis _______________________________.

5. Je suis né(e) au Brésil. Je suis _______________________________.

6. Je suis né(e) en Russie. Je suis _______________________________.

7. Je suis né(e) en Italie. Je suis _______________________________.

8. Je suis né(e) en Chine. Je suis _______________________________.

9. Je suis né(e) aux États - Unis. Je suis _______________________________.

10. Je suis né(e) en Angleterre. Je suis _______________________________.

11. Je suis né(e) au Portugal. Je suis _______________________________.

12. Je suis né(e) en Grèce. Je suis _______________________________.

13. Je suis né(e) en France. Je suis _______________________________.

14. Je suis né(e) en Allemagne. Je suis _______________________________.

15. Je suis né(e) en Australie. Je suis _______________________________.

Complète les phrases avec la forme féminine de la nationalité.
Complete the sentences with the feminine form of the nationality.

1. Édouard est mexicain. Maria est ________________________________.

2. Charles est québécois. Lucille est ______________________________.

3. Pierre est allemand. Sylvie est ________________________________.

4. Thomas est canadien. Rebecca est ______________________________.

5. Franco est italien. Michelle est ________________________________.

6. Andrew est espagnol. Cathy est ________________________________.

7. Harry est cubain. Elisa est ____________________________________.

8. Jonathan est australien. Naomi est _____________________________.

9. Enrique est portugais. Stéphanie est ___________________________.

10. Richard est américain. Tanya est ______________________________.

11. Dylan est suisse. Brenda est __________________________________.

12. Manuel est africain. Alice est _________________________________.

13. Adrian est irlandais. Charlotte est _____________________________.

14. David est anglais. Nancy est __________________________________.

Choisis le mot correct pour compléter les phrases.

Choose the correct word to complete the sentences.

1. Le sushi est un plat _________________________________ qui est très populaire.

a) canadien   b) suisse   c) portugais   d) chinois

2. Le drapeau _________________________________ est bleu, blanc et rouge avec les étoiles.

a) mexicain   b) italien   c) indien   d) américain

3. Madrid est la capitale de _________________________________.

a) l'Angleterre   b) l'Espagne   c) le Brésil   d) la Russie

4. Le Jour de la Saint Patrick est une célébration _________________________________.

a) japonais   b) cubaine   c) australienne   d) irlandaise

5. Les _________________________________ aiment manger des croissants, des macarons et des différents types de fromage.

a) français   b) anglais   c) chiliens   d) russes

6. Le _________________________________ est près des États-Unis.

a) Portugal   b) Grèce   c) Allemagne   d) Mexique

7. Je veux visiter _________________________________ parce que je voudrais voir la Tour d'Eiffel.

a) le Canada   b) l'Italie   c) la France   d) l'Australie

Les mots courants
High Frequency Words

Écris la lettre qui correspond avec le mot en français.
Write the letter that corresponds with the French word.

_____ beaucoup		A. here
_____ aussi		B. now
_____ de		C. there is / there are
_____ pour		D. also
_____ maintenant		E. to / at
_____ et		F. between
_____ il y a		G. by
_____ demain		H. a lot
_____ à		I. today
_____ parce que		J. with
_____ ici		K. for
_____ avec		L. tomorrow
_____ aujourd'hui		M. of / from
_____ par		N. because
_____ entre		O. and

Encercle la réponse correcte.

Circle the correct answer.

1. Comment dit-on en français "there is / there are?"
a) de   b) il y a   c) par   d) oui

2. Comment dit-on en français "for?"
a) pour   b) non   c) beaucoup   d) à

3. Comment dit-on en français "also?"
a) aussi   b) et   c) demain   d) avec

4. Comment dit-on en français "today?"
a) parce que   b) aujourd'hui   c) il y a   d) pour

5. Comment dit-on en français "of / from?"
a) ici   b) par   c) entre   d) de

6. Comment dit-on en français "tomorrow?"
a) demain   b) oui   c) aujourd'hui   d) non

7. Comment dit-on en français "now?"
a) par   b) maintenant   c) et   d) ici

8. Comment dit-on en français "with?"
a) il y a   b) à   c) avec   d) entre

9. Comment dit-on en français "and?"
a) et   b) aussi   c) demain   d) de

10. Comment dit-on en français "because?"
a) oui   b) beaucoup   c) parce que   d) ici

11. Comment dit-on en français "to / at?"
a) avec   b) à   c) il y a   d) demain

12. Comment dit-on en français "between?"
a) non   b) pour   c) entre   d) et

13. Comment dit-on en français "here?"
a) et   b) de   c) à   d) ici

14. Comment dit-on en français "by?"
a) aussi   b) ici   c) maintenant   d) par

Mots cachés
Word Search

t	r	a	p	e	m	e	b	à	l	p	r
n	p	d	k	r	t	d	y	f	u	c	p
a	y	e	t	t	o	s	h	o	g	a	w
n	l	b	i	n	u	f	c	y	r	o	i
e	z	j	v	e	t	u	a	c	p	g	c
t	a	f	n	i	a	m	e	d	a	z	i
n	v	c	k	e	d	q	a	y	e	f	m
i	e	r	b	i	u	z	l	p	o	u	r
a	c	y	g	e	p	i	k	v	b	m	d
m	o	à	d	s	f	m	i	s	s	u	a

Trouve les mots suivants en FRANÇAIS.
Find the following words in FRENCH.

now	of / from	and
also	because	here
to/at	with	for
tomorrow	by	a lot
between	there is / there are	

Complète les phrases avec le mot approprié de la banque.

Complete the sentences with the correct word from the bank.

et	il y a	entre	pour
beaucoup	parce que	de	à
maintenant	demain	par	avec

1. Je vois ________________________ d'oiseaux dehors.

2. Le crayon est ________________________ le livre et la règle.

3. Nous avons la classe de français ________________________.

4. Dans ma famille, ________________________ cinq membres.

5. Lise voyage ________________________ Londres en avion.

6. ________________________ tu vas visiter ton grand-père.

7. Il a mal à l'estomac ________________________ il n'a rien mangé.

8. J'aime les fraises ________________________ les pommes.

9. Charles joue au soccer ________________________ Marc.

10. La robe ________________________ Sylvie est très belle.

11. Vous gagnez mille dollars ________________________ mois.

12. J'ai acheté un cadeau ________________________ mon professeur.

Écris la lettre qui correspond avec le mot en français.
Write the letter that corresponds with the word in French.

_______ oui

A. here is

_______ hier

B. outside

_______ souvent

C. new

_______ dehors

D. almost

_______ vite

E. last

_______ favori (te)

F. when

_______ presque

G. yes

_______ surtout

H. each/every

_______ voici

I. favourite

_______ toujours

J. often

_______ quand

K. no

_______ nouveau/nouvelle

L. quickly

_______ chaque

M. especially

_______ dernier/dernière

N. yesterday

_______ non

O. always

Encercle la réponse correcte.

Circle the correct answer.

1. Comment dit-on en français "when?"
a) quand   b) chaque   c) oui   d) dehors

2. Comment dit-on en français "always?"
a) souvent   b) dernier   c) toujours   d) vite

3. Comment dit-on en français "yesterday?"
a) aujourd'hui   b) hier   c) demain   d) maintenant

4. Comment dit-on en français "over there?"
a) ici   b) là-bas   c) où   d) voici

5. Comment dit-on en français "new?"
a) nouveau   b) dehors   c) non   d) dernier

6. Comment dit-on en français "almost?"
a) chaque   b) presque   c) surtout   d) oui

7. Comment dit-on en français "quickly"
a) vite   b) de   c) pour   d) voilà

8. Comment dit-on en français "often?"
a) par   b) et   c) souvent   d) hier

9. Comment dit-on en français "each / every?"
a) beaucoup   b) chaque   c) favori   d) aussi

10. Comment dit-on en français "outside?"
a) dehors   b) avec   c) de   d) entre

11. Comment dit-on en français "last?"
a) voici   b) demain   c) dernier   d) là-bas

12. Comment dit-on en français "especially?"
a) toujours   b) surtout   c) nouveau   d) vite

13. Comment dit-on en français "here is?"
a) là-bas   b) est   c) voici   d) de

14. Comment dit-on en français "yes?"
a) non   b) où   c) hier   d) oui

Complète les phrases avec le mot approprié de la banque.
Complete the sentences with the correct word from the bank.

voici	surtout	hier	dehors
presque	toujours	favorite	souvent
nouvelle	vite	chaque	quand

1. Ma matière _________________________ est le dessin.

2. Nous nageons dans la piscine _________________________ il fait du soleil.

3. Le chien court _________________________.

4. _________________________ mon oncle, Charles.

5. J'aime les légumes _________________________ les carottes.

6. Tu as _________________________ fini le projet.

7. Mon père va acheter une_________________________ voiture.

8. Je fais _________________________ mes devoirs.

9._________________________ weekend, ma famille va au supermarché.

10. Mélanie et moi aimons jouer au badminton _________________________.

11. Vous voyagez _________________________ à Paris.

12. _________________________ j'ai mangé la pizza.

Remplis les espaces avec le mot correct en français.
Fill in the spaces with the correct word in French.

_________________ mon _________________ ami. Il s'appelle Julien.
  Here is   new

Il est _________________ sympa, poli et _________________ intelligent.
   very   also

Sa couleur _________________ est rouge. Il aime faire du sport
      favourite

_________________ le soccer et le tennis. Nous jouons _________________
 especially   always

au basketball après l'école. Julien peut courir _________________. Il est fantastique.
             quickly

_________________ weekend, nous allons au parc mais _________________ il pleut,
 Every   when

nous restons à la maison _________________ nous jouons aux jeux vidéo.
         and

Les mots interrogatifs
Question words

Qui?

(Who)

Quand?

(When)

Où?

(Where)

Comment?

(How)

Pourquoi?

(Why)

Quel / Quelle?

(Which)

Combien?

(How much / how many)

Qu'est-ce que........?

(What)

Est-ce que........ is used to introduce a question.

exemple: Est-ce que tu aimes les pommes?
              Do you like apples?

NB: When que is followed by "il" or"elle", it becomes "qu'il / qu'elle."

Change les phrases suivantes aux questions.
Change the following sentences to questions.

1. Tu étudies l'espagnol.

____

2. Il regarde la télévision.

____

3. Vous préparez le dîner.

____

4. Elles visitent le musée.

____

5. Tu veux aller au centre commercial.

____

6. Ils achètent des bonbons.

____

7. Vous nettoyez vos chambres.

____

8. Elle aime le cadeau.

____

Lis chaque question et choisis la réponse correcte.
Read each sentence and choose the correct answer.

1. _________________ heure est-il?

a) Qui   b) Est-ce que   c) Quelle   d) Où

2. _________________ coûte la robe?

a) Combien   b) Quel   c) Comment   d) Quand

3. _________________ sont les crayons?

a) Pourquoi   b) Est-ce que   c) Qui   d) Où

4. _________________ tu ne joues pas dehors?

a) Où   b) Pourquoi   c) Quelle   d) Qui

5. _________________ est l'Halloween?

a) Est-ce que   b) Qui   c) Quand   d) Combien

6. _________________ est ton meilleur ami?

a) Quelle   b) Pourquoi   c) Combien   d) Qui

7. _________________ tu aimes les bananes?

a) Comment   b) Est-ce que   c) Où   d) Quand

8. _________________ ça va aujourd'hui?

a) Combien   b) Quelle   c) Comment   d) Où

Complète les phrases avec le mot interrogatif approprié.
Complete the sentences with the correct question word.

1. _________________________ sont mes livres?

2. _________________________ vous êtes en retard?

3. _________________________ a les clés?

4. _________________________ est la fête de Lucie?

5. _________________________ vous avez une gomme?

6. _________________________ chemise préfères-tu?

7. _________________________ ils veulent manger?

8. _________________________ habite Monsieur Blanchard?

9. _________________________ vas-tu à l'aéroport?

10. _________________________ elle aime la nouvelle voiture?

11. _________________________ coûte la chemise verte?

12. _________________________ a gagné le match de tennis?

13. _________________________ sait la réponse?

14. _________________________ vous voyez dehors?

15. _________________________ fruit aimes-tu?

16. _________________________ est absent aujourd'hui?

17. _________________________ arrives-tu à l'école?

18. _________________________ de stylos il y a dans ta trousse ?

19. _________________________ tu n'écoutes pas?

20. _________________________ ils jouent au soccer après le déjeuner?

21. _________________________ est ma calculatrice?

22. _________________________ est son anniversaire?

23. À _________________________ heure commence le cours?

24. _________________________ tu penses?

25. _________________________ travaille son père?

Forme des questions
Make questions

Groupe A	Groupe B
Où	tu préfères le gâteau ou la crème glacée?
Comment	elle est triste?
Qui	d'élèves il y a dans ta classe?
Est-ce que	est ta couleur favorite?
Quand	habite ton grand-père?
Pourquoi	tu vas faire ce soir?
Quelle	est ta mère?
Combien	a un sac à dos bleu?
Qu'est-ce que	est l'anniversaire de Jacques?

1. ____

2. ____

3. ____

4. ____

5. ____

6. ____

7. ____

8. ____

9. ____

J	E	A	Ù	W	Q	U	E	L	L	E	S	H	B	Z
S	N	F	H	P	D	E	C	I	M	K	Q	I	A	K
Z	B	Ù	G	K	I	T	V	N	T	A	U	J	Q	E
F	P	O	U	R	Q	U	O	I	G	W	E	P	U	O
M	C	R	L	J	F	B	S	E	Y	O	S	B	I	G
L	A	Y	F	E	Ù	N	K	H	T	M	T	V	L	C
H	U	C	E	M	G	X	Ù	P	N	Q	C	X	S	O
T	I	V	O	D	N	Y	H	R	E	I	E	Q	J	M
L	O	S	N	Ù	R	C	N	W	M	R	Q	I	R	B
B	P	A	Ù	J	Q	M	S	G	M	T	U	Ù	T	I
I	U	N	E	R	M	F	A	D	O	P	E	G	O	E
Q	A	G	O	B	I	Z	O	J	C	I	L	W	E	N

Trouve les mots suivants en français.
Find the following words in French.

who	why	how much
what	how	which
when	where	

Les pronoms personnels
Personal Pronouns

Je - I

Tu - You (familiar)

Il - He / It (masculine)

Elle - She / It (feminine)

Nous - We

Vous - You (formal) / You all

Ils - They (masculine or mixed group)

Elles - They (feminine)

*familiar - someone you know well such as a family member or friend

*formal - when speaking to someone whom you should respect

IMPORTANT

le chien / le sac - IL
(le indicates that it is masculine)

la maison / la table - ELLE
(la indicates that it is feminine)

et moi - NOUS

et toi - VOUS

les crayons / les pommes - ILS / ELLES
(les indicate the plural form)

exemples:

David - IL (He because David is a boy)

La porte - ELLE (It because "la" indicates that it is feminine)

Marie et moi - NOUS ("me" is included)

Jacques et toi - VOUS ("you" is included)

Les fruits - ILS (They because ils indicate that the noun is plural)

Adrian et Candice - ILS (They masculine because it is a mixed group)

Sophie et Tanya - ELLES (They feminine because they are both girls)

Écris le pronom correct pour chaque nom - Je, Tu, Il, Elle, Nous, Vous, Ils, Elles.
Write the correct pronoun for each noun.

1. Nicole - _______________________

2. Ma mère et moi - _______________________

3. Les étudiants - _______________________

4. Pierre - _______________________

5. Jules et toi - _______________________

6. Le chat - _______________________

7. Les livres - _______________________

8. La fraise - _______________________

9. Chantal - _______________________

10. Marc et Paul - _______________________

11. Mon grand-père et moi - _______________________

12. Les arbres - _______________________

13. Henri - _______________________

14. La bicyclette - _______________________

15. Monsieur Gilbert - _______________________

16. Le cahier - _______________________

Être
To be

Je suis - I am

Tu es - You are (familiar)

Il est - He is / It is (masculine)

Elle est - She is / It is (feminine)

Nous sommes - We are

Vous êtes - You are (formal) / You all are

Ils sont - They are (masculine or mixed group)

Elles sont - They are (feminine)

exemples:

Je suis canadien - I am Canadian

Ils sont dans le jardin. - They are in the garden.

Lucie est belle. - Lucie is pretty.

Insère la forme correcte du verbe dans les phrases suivantes.
Insert the correct form the verb in the following sentences.

1. Il _____________________ fâché.

2. Tu _____________________ mexicain.

3. Elles _____________________ en vacances.

4. Ils _____________________ sportifs.

5. Je _____________________ triste parce que j'ai perdu mon chien.

6. Vous _____________________ dans la bibilothèque.

7. Nous _____________________ excités pour la fête.

8. Tu _____________________ en retard.

9. Elle _____________________ dans le supermarché.

10. Je _____________________ absent aujourd'hui parce que je _____________________ malade.

Trouve les paires correspondantes et colorie.

Find the matching pairs and colour.

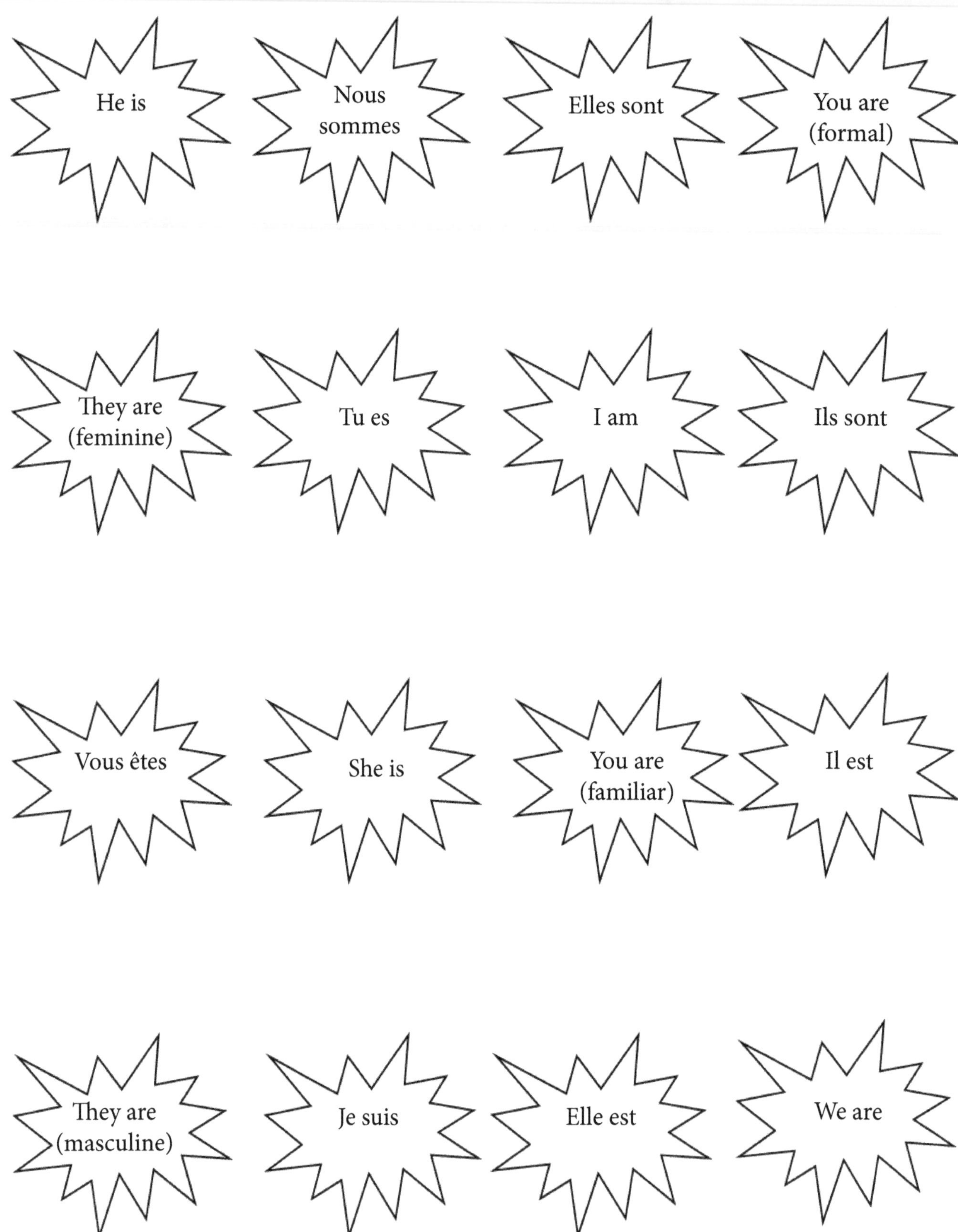

Insère la forme correcte du verbe "être" dans les phrases suivantes.
Insert the correct form of the verb in the following sentences.

1. Le chien _____________________ adorable.

2. Mes amis et moi _____________________ dans le parc.

3. Gérard _________________ très fort.

4. Les papiers _________________ sur la table.

5. Tu _______________ formidable.

6. Adrien et toi _____________________ responsables.

7. L'ananas ________________ jaune.

8. Ma tante ________________ grecque.

9. Les lions _________________ dangereux.

10. Sylvie ________________ dentiste.

11. Pauline et moi _____________________ prêts pour le concert.

12. La maison _______________ grande.

13. Mon frère ____________ méchant.

14. Henri et toi _________________ de bons amis.

15. Les pommes de terre _________________ salées.

Réorganise les mots pour créer des phrases correctes.

Rearrange the words to make correct sentences.

1. est / le / facile / français

____

2. fille / belle / est / la

____

3. suis / fatigué / je / très

____

4. sympas / les / sont / professeurs

____

5. américain / es / tu

____

6. est / intelligent / beau / il / et

____

7. piscine / moi / sommes / Émilie / dans / et / la

____

8. sont / aujourd'hui / les / contents / enfants

____

9. mécanicien / vous / êtes

____

10. table / sont / les / sur / cahiers / la

____

Avoir
To have

J'ai - I have

Tu as - You have (familiar)

Il a - He has / It has (masculine)

Elle a - She has / It has (feminine)

Nous avons - We have

Vous avez - You have (formal) / You all have

Ils ont - They have (masculine or mixed group)

Elles ont - They have (feminine)

exemples: Elles ont une grande maison.
They have a big house.

Tu as huit ans.
You are 8 years old.

IMPORTANT: The verb "avoir" is always used when stating someone's age.

Remplis les espaces avec la forme correcte du verbe.
Fill in the blanks with the correct form of the verb.

1. Nous ___________________ beaucoup de jouets.

2. Il _________________ un vélo rouge.

3. J'________________ trois cousins.

4. Elles ________________ des biscuits.

5. Vous _________________ un hamster.

6. Ils _________________ un match de soccer demain.

7. Tu ________________ faim.

8. Elle ________________ les yeux bleus.

9. J'________________ cinq livres dans mon sac à dos.

10. Vous ________________ vingt ans.

Trouve les paires correspondantes et colorie.

Find the matching pairs and colour.

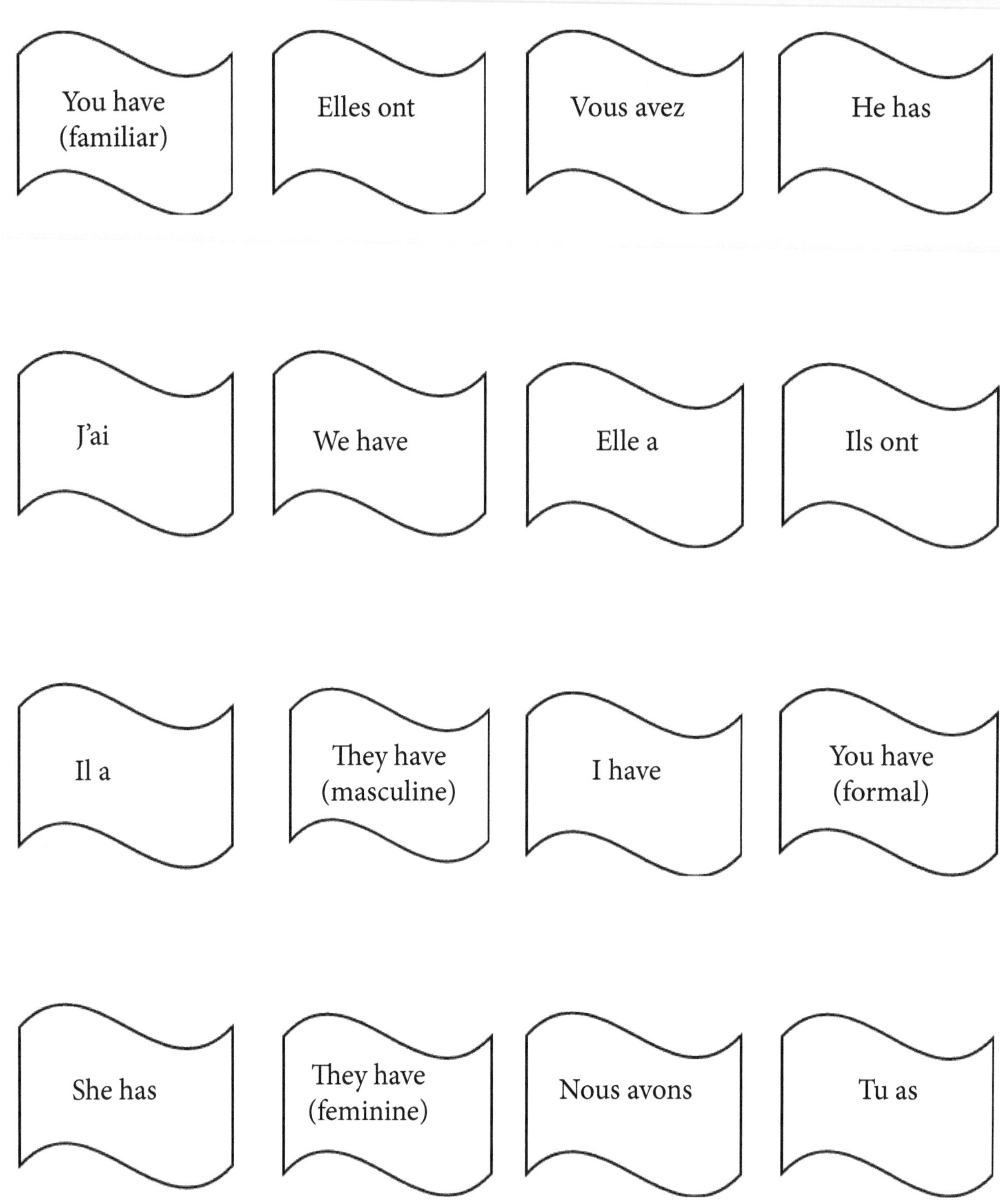

Insère la forme correcte du verbe dans les phrases suivantes.
Insert the correct form of the verb in the following sentences.

1. Luc _________________ une nouvelle chemise.

2. Les étudiants _________________ beaucoup de devoirs.

3. Est-ce que tu _________________ un marqueur orange?

4. L'araignée _________________ huit pattes.

5. Lise et toi _________________ soif.

6. Mon frère _________________ treize ans.

7. Ma classe _________________ vingt-neuf élèves.

8. J'_________________ un meilleur ami qui s'appelle Timmy.

9. Les filles _________________ des bonbons.

10. L'homme _________________ une barbe.

11. Qui _________________ un amimal domestique?

12. Pierre et moi _________________ le même manteau.

13. Vous _________________ les cheveux blonds.

14. Nancy et moi _________________ la classe de piano.

15. Le tigre _________________ les dents pointues.

Traduis les phrases suivantes en français.
Translate the following sentences into French.

1. She has two brothers and three sisters.

2. I have an apple.

3. The school has fifiteen teachers.

4. You have (familiar) a green hat.

5. Michelle is eleven years old.

6. We have a lot of chocolates.

7. He has a black car.

8. Camille and I have a computer.

9. You have (formal) a rabbit.

10. I have brown eyes.

Trouve les conjugaisons correctes.
Find the correct conjugations.

Il est	She has
Nous avons	You have (formal)
Tu as	We are
Je suis	You are (familiar)
Elle est	He has
Vous avez	We have
Ils ont	They are (feminine)
Tu es	I am
Il a	They are (masculine / mixed group)
Nous sommes	I have
J'ai	He is
Elle a	You are (formal)
Ils sont	You have (familiar)
Vous êtes	She is
Elles sont	They have (masculine/mixed group)

Choisis le pronom correct et écris la conjugaison.
Choose the correct pronoun and write the conjugation.

exemple: (Elles / Nous) sont - <u>Elles sont</u>

1. (Je / Il) suis - _________________

2. (Nous / Vous) avez - _________________

3. (Tu / Elle) est - _________________

4. (Il / Ils) ont - _________________

5. (Vous / Tu) es - _______________

6. (Elles / Je) ai - _________________

7. (Ils / Nous) sommes - _______________

8. (Charles et moi / Pierre) avons - _________________

9. (Elle / Vous) êtes - _________________

10. (Le garçon / Les enfants) a - _________________

11. (Marie / Elles) sont - _________________

12. (La famille / Tu) as - _________________

13. (Les animaux / Nous) sont - _________________

14. (Tu / Il) a - _________________

Complète la grille avec la conjugaision des verbes.

Complete the table with the conjugation of the verbs.

avoir	to have
J'ai	I have

être	to be
Je suis	I am

Mots cachés
Word Search

a	m	o	e	l	l	e	s	s	o	n	t
s	t	j	m	w	b	q	u	f	n	c	h
n	p	e	v	o	u	s	ê	t	e	s	m
o	e	s	d	y	a	l	t	o	s	k	a
v	l	u	c	j	t	x	d	e	b	p	i
a	l	i	h	a	z	g	m	a	s	w	d
s	e	s	e	i	c	m	q	t	u	a	s
u	e	q	h	m	o	ê	k	g	d	y	ê
o	s	d	a	s	h	f	z	h	l	b	i
n	t	v	s	t	x	b	i	e	o	u	l
a	ê	u	f	s	k	n	r	n	t	p	s
r	o	y	j	e	u	i	l	a	u	s	o
n	w	c	q	l	a	m	g	v	e	k	n
a	p	x	d	i	k	e	y	o	s	h	t

Trouve les conjugaisons suivantes en français.
Find the following conjugations in French.

You have (familiar)	We are	They are (feminine)
She is	I am	He has
They have (masculine/ mixed group)	You are (formal)	I have
He is	We have	You are (familiar)

56

Encercle le verbe correcte.
Circle the correct verb.

57

1. Il (a / est) triste.

2. Vous (avez / êtes) dans le gymnase.

3. Suzy (a / est) une nouvelle robe.

4. Nous (avons / sommes) en vacances.

5. Je (ai / suis) terrifié.

6. Mes frères (ont / sont) douze ans.

7. Tu (as / es) mal à la tête.

8. Pierre (a / est) généreux.

9. La famille de David (a / est) riche.

10. Mes amis et moi (avons / sommes) excités.

11. Je (ai / suis) une guitare.

12. Elle (a / est) très polie.

13. Les chiens (ont / sont) une balle.

14. Jean et toi (avez / êtes) un test de science aujourd'hui.

15. Tu (as / es) fantastique.

Insère la forme correcte du verbe "être" ou "avoir" dans les phrases suivantes.
Insert the correct form of "être" or "avoir" in the following sentences.

1. Gilbert _________________ portugais.

2. Nous _________________ des omelettes pour le pétit déjeuner.

3. Les professeurs _________________ une réunion ce soir.

4. Je _______________ timide mais ma soeur _______________ bavarde.

5. Le test de mathématiques _______________ difficile.

6. Vous _______________ à l'école.

7. Mon oncle ______________ pilote.

8. Lucille et moi ______________ les stylos rouges.

9. Les abricots ______________ délicieux.

10. Tu ______________ gentil.

11. Ma salle de classe _____________ à côté du gymnase.

12. Je ______________ un cadeau pour ma mère.

13. Kelly et toi ______________ des petits gâteaux.

14. L' étoile _____________ près de la lune.

15. Tu ______________ beaucoup d'amis.

ER Verbs

Present tense conjugation of regular "er" verbs

Step 1: Remove the "er" ending

ex. chanter $\longrightarrow$ chant

Step 2: Add the following ending for each subject pronoun as shown below.

Je	- e
Tu	- es
Il / Elle	- e
Nous	- ons
Vous	- ez
Ils / Elles	- ent

exemple: parler – to speak / to talk

Je parle

Tu parles

Il / Elle parle

Nous parlons

Vous parlez

Ils / Elles parlent

IMPORTANT:

If the verb ends in "ger", the nous form ends in "eons"

exemple:

manger – Nous mangeons

Conjugue les verbes suivants.
Conjugate the following verbs.

regarder – to look at

Je _____________________

Tu _____________________

Il / Elle _____________________

Nous _____________________

Vous _____________________

Ils / Elles _____________________

tomber – to fall

Je _____________________

Tu _____________________

Il / Elle _____________________

Nous_____________________

Vous _____________________

Ils / Elles _____________________

aimer – to like

Je _____________________

Tu _____________________

Il / Elle _____________________

Nous _____________________

Vous _____________________

Ils / Elles _____________________

ranger – to tidy

Je _____________________

Tu _____________________

Il / Elle _____________________

Nous_____________________

Vous _____________________

Ils / Elles _____________________

Insère la forme correcte du verbe dans les phrases suivantes.

Insert the correct form of the verb in the following sentences.

1. Vous _________________________ à Marie. (téléphoner)

2. Je _________________________ sur la glace. (patiner)

3. Mon père _________________________ à Paris. (voyager)

4. Tu _________________________ pour l'examen de français. (étudier)

5. Charles et moi _________________________ des bonbons. (partager)

6. La fille _________________________ une belle robe. (porter)

7. Ils _________________________ en Belgique. (habiter)

8. Michelle et moi _________________________ très bien. (nager)

9. Je _________________________ de la musique. (écouter)

10. Elle _________________________ à la banque. (travailler)

11. Les élèves _________________________ le zoo. (visiter)

12. Ton frère et toi _________________________ le brocoli. (détester)

13. Nous _________________________ au badminton. (jouer)

14. Le professeur _________________________ les papiers. (corriger)

15. Tu_________________________ ton dossier rouge. (chercher)

Écris la lettre qui correspond avec le mot en français.
Write the letter that corresponds with the word in French.

_____ adorer		A. to walk
_____ inviter		B. to travel
_____ porter		C. to arrive
_____ marcher		D. to sing
_____ chanter		E. to dislike
_____ habiter		F. to invite
_____ arriver		G. to jump
_____ danser		H. to listen to
_____ voyager		I. to wear
_____ sauter		J. to look for
_____ détester		K. to live
_____ chercher		L. to swim
_____ écouter		M. to love
_____ nager		N. to dance

Choisis le mot correct pour compléter chaque phrase.
Choose the correct word to complete each sentence.

1. Tu ……………………………. des biscuits au chocolat.

a) joues   b) patines   c) manges   d) portes

2. Les cours …………………………… à huit heures dix du matin.

a) commencent   b) trouvent   c) montent   d) créent

3. Émilie ………………………….. avec son père.

a) bougent   b) tombes   c) pêche   d) écoute

4. Nous ………………………….. à Londres.

a) sautons   b) regardons   c) travailleons   d) voyageons

5. Le chat …………………………. la souris.

a) parle   b) chasse   c) range   d) habite

6. Vous …………………………. en retard à l'école.

a) aidez   b) cherchez   c) arrivez   d) invitez

7. Je ………………………….mon ami à compléter les devoirs.

a) aime   b) regarde   c) danse   d) aide

Utilise les mots de chaque groupe pour créer des phrases correctes.

Use the words from each group to make correct sentences.

Groupe A	Groupe B	Groupe C
Vous	joue	le match de tennis
Les enfants	patinent	la crème glacée
Claudette	gagnons	au directeur
Mon copain et moi	voyages	sur la glace
Je	utilisez	au hockey
Elles	aiment	au Portugal en été
Tu	parle	l'ordinateur à l'école

1. ____

2. ____

3. ____

4. ____

5. ____

6. ____

7. ____

Colorie les conjugaisons correctes.

Colour the correct conjugations.

Choisis le mot approprié au-dessous pour compléter les phrases dans le paragraphe.
Choose the appropriate word below to complete the sentences in the paragraph.

dansent	prépare	coupe
mange	écoutent	donnent
amusent	décorent	célébre
porte	arrivent	chantent

Aujourd'hui Michelle ____________________ son anniversaire. Elle est très

excitée parce qu'il y a une fête. Ses sœurs ____________________ la maison et sa mère

____________________ la nourriture. Michelle ____________________ une belle robe.

Ses amis ____________________ à six heures du soir. Ils ____________________ à Michelle

beaucoup de cadeaux. Tout le monde ____________________ des hotdogs et des hamburgers

et après ils ____________________ de la musique et ils ____________________. Tous

les invités ____________________ tandis qu'elle ____________________ son gâteau. La

fête est fantastique. Michelle et ses amis s'____________________ bien.

IR verbs

Present tense conjugation of regular "ir" verbs

Step 1: Remove the "ir" ending

ex. finir ⟶ fin

Step 2: Add the following ending for each subject pronoun as shown below.

Je   - is

Tu   - is

Il / Elle   - it

Nous   - issons

Vous   - issez

Ils / Elles   - issent

exemple: finir – to finish

Je finis

Tu finis

Il / Elle finit

Nous finissons

Vous finissez

Ils / Elles finissent

Conjugue les verbes suivants.
Conjugate the following verbs.

choisir – to choose

Je _______________________

Tu _______________________

Il / Elle _______________________

Nous _______________________

Vous_______________________

Ils / Elles _______________________

réussir – to succeed

Je _______________________

Tu _______________________

Il / Elle_______________________

Nous _______________________

Vous _______________________

Ils / Elles_______________________

réfléchir – to reflect

Je _______________________

Tu _______________________

Il / Elle _______________________

Nous _______________________

Vous_______________________

Ils / Elles _______________________

grandir – to grow up

Je _______________________

Tu _______________________

Il / Elle _______________________

Nous _______________________

Vous _______________________

Ils / Elles_______________________

Écris la lettre qui correspond avec le mot en français.
Write the letter that corresponds with the word in French.

______ accomplir

______ remplir

______ maigrir

______ bâtir

______ grossir

______ finir

______ rougir

______ vieillir

______ réunir

______ investir

______ punir

______ obéir

A. to get together

B. to build

C. to finish

D. to grow old

E. to obey

F. to fill

G. to invest

H. to blush

I. to lose weight

J. to punish

K. to accomplish

L. to gain weight

Écris la forme correcte du verbe dans les phrases suivantes.

Write the correct form of the verb in the following sentences.

1. Les fleurs ___________________________ au printemps. (grandir)

2. Tout le monde ___________________________.(vieillir)

3. Nous ___________________________ nos projets. (finir)

4. Tu ___________________________ à tes parents. (obéir)

5. Je ___________________________ parce que je ne mange pas. (maigrir)

6. Les garçons ___________________________ un grand château de sable. (bâtir)

7. Vous ___________________________ le bol avec les fruits. (remplir)

8. Le docteur ___________________________ les enfants. (guérir)

9. Les fermiers ___________________________ les animaux. (nourrir)

10. Mon ami et moi ___________________________ les mêmes sacs à dos. (choisir)

11. Élaine ___________________________ parce qu'elle ne fait pas des exercices. (grossir)

12. Ils ___________________________ avant de prendre une décision. (réfléchir)

13. Je ___________________________ les acteurs. (applaudir)

14. Les élèves ne complètent pas les devoirs, alors le professeur les ___________________________

(punir)

Utilise les mots de chaque groupe pour créer des phrases correctes.

Use the words from each group to make correct sentences.

Groupe A	Groupe B	Groupe C
Tu	grossit	vite.
Paul	réussissons	un bonhomme de neige.
Ma soeur	finissent	les oiseaux.
Les filles	nourrit	la bouteille d'eau.
Je	grandissez	leurs devoirs.
Vous	bâtis	l'examen de science.
Claudette et moi	remplis	en hiver.

1. ____

2. ____

3. ____

4. ____

5. ____

6. ____

7. ____

Mots croisés

Cross word

Écris les verbes en français.

Write the verbs in French.

ACROSS
2. to finish
5. to grow up
6. to fill
7. to blush
9. to reunite
10. to gain weight

DOWN
1. to choose
3. to punish
4. to lose weight
8. to obey

Colorie les conjugaisons correctes.

Colour the correct conjugations.

Choisis la phrase appropriée qui correspond avec chaque image.

Choose the appropriate sentences that correspond with each picture.

le chat grossit	vous choisissez la robe noire
les arbres grandissent	elle finit ses devoirs
nous remplissons le panier avec des oeufs	l'homme bâtit

____

____

____

____

____

____

RE verbs

Present Tense conjugation of regular "re" verbs

Step 1: Remove the "re" ending

    ex. rendre ⟶ rend

Step 2: Add the following ending for each subject pronoun as shown below.

Je	- s
Tu	- s
Il / Elle	- don't add anything
Nous	- ons
Vous	- ez
Ils / Elles	- ent

exemple: rendre – to give back

Je rends

Tu rends

Il / Elle rend

Nous rendons

Vous rendez

Ils / Elles rendent

Conjugue les verbes suivants.
Conjugate the following verbs.

descendre – to go down

Je _______________________

Tu _______________________

Il / Elle _______________________

Nous _______________________

Vous _______________________

Ils / Elles _______________________

perdre – to lose

Je _______________________

Tu _______________________

Il / Elle _______________________

Nous _______________________

Vous _______________________

Ils / Elles _______________________

attendre – to wait

Je _______________________

Tu _______________________

Il / Elle _______________________

Nous _______________________

Vous _______________________

Ils / Elles _______________________

vendre – to sell

Je _______________________

Tu _______________________

Il / Elle _______________________

Nous _______________________

Vous _______________________

Ils / Elles _______________________

Écris la forme correcte du verbe dans les phrases suivantes.
Write the correct form of the verb in the following sentences.

1. Daniel ______________________________ sa voiture. (vendre)

2. L' équipe ______________________________ le match de soccer. (perdre)

3. Tu ______________________________ le train. (descendre)

4. Nous ______________________________ beaucoup de bruit dehors. (entendre)

5. La neige ______________________________ vite. (fondre)

6. Les élèves ______________________________ le professeur. (attendre)

7. Mes parents ______________________________ les tableaux. (pendre)

8. Vous ne ______________________________ pas à la question. (répondre)

9. Le chien ______________________________ le facteur. (mordre)

10. Notre directeur ______________________________ les papiers. (rendre)

11. Je me ______________________________ à la piscine. (détendre)

12. Lucielle et moi ______________________________ des biscuits. (vendre)

Écris la lettre qui correspond avec le mot en français.
Write the letter that corresponds with the word in French.

_____ répondre   A. to hear

_____ mordre   B. to sell

_____ entendre   C. to melt

_____ perdre   D. to bite

_____ fondre   E. to give back

_____ dépendre   F. to go down

_____ vendre   G. to wait for

_____ rendre   H. to hang

_____ attendre   I. to lose

_____ descendre   J. to respond

_____ pendre   K. to depend on

Colorie les conjugaisons correctes.

Colour the correct conjugations.

Choisis le mot correct pour compléter chaque phrase.
Choose the correct word to complete each sentence.

1. Ils ………………………………… le bus.

   a) rendent   b) vends   c) descendent   d) pends

2. Le garçon ……………………………… le ballon.

   a) perd   b) entend   c) répond   d) fonds

3. David et toi …………………………….. vos parents.

   a) vendez   b) attendez   c) mordez   d) rendez

4. Nous …………………………….. les animaux.

   a) perdez   b) détendons   c) répondent   d) entendons

5. La souris ……………………………. le fromage.

   a) vend   b) descend   c) mord   d) rend

6. Vous ……………………………… le chalet au lac.

   a) vendez   b) attendez   c) fondez   d) pendez

7. Je ……………………………… correctement.

   a) perds   b) réponds   c) dépends   d) rends

Utilise les mots de chaque groupe pour créer des phrases correctes.

Use the words from each group to make correct sentences.

Groupe A	Groupe B	Groupe C
Louise	descendent	le docteur
Je	mords	l'argent au homme
Vous	perdons	l'avion
Ils	attendent	les feux d'artifice
Chantal et moi	rends	ses nouvelles chaussures
Tu	entendez	le jeu de badminton
Mes cousins	vend	une carotte

1. ____

2. ____

3. ____

4. ____

5. ____

6. ____

7. ____

Mots croisés
Crossword

Écris les verbes en français.

Write the verbs in French.

Across

3. to depend on
6. to respond
8. to give back

Down

1. to wait
2. to go down
4. to hear
5. to bite
7. to lose

Aller
To go

Je vais - I go

Tu vas - You go (familiar)

Il va - He goes

Elle va - She goes

Nous allons - We go

Vous allez - You go (formal) / You all go

Ils vont - They go (masculine/mixed group)

Elles vont - They go (feminine)

exemples:

Tu vas à Paris - You go to Paris.

Elles vont en vacances - They are going on vacation.

Complète les phrases avec la forme correcte du verbe "aller."
Complete the sentences with the correct form of the verb "aller."

1. Nous ___________________________ au cinéma.

2. Ils _________________________ à la poste.

3. Je __________________________ au collège.

4. Michelle__________________________ en Angleterre.

5. Vous ________________________ au concert ce weekend.

6. Est-ce qu'il ________________________ à la banque?

7. Mes parents _______________________ au supermarché.

8. Élaine et moi ______________________ à notre restaurant favori.

9. Pourquoi tu _______________________ à l'hôpital?

10. Charles et Francine _______________________ à la piscine.

Choisis le pronom correct.

Choose the correct pronoun.

1. .... allons en France.
a) Vous   b) Je   c) Ils   d) Nous

2. .... va à la fête de son ami.
a) Tu   b) Il   c) Elles   d) Je

3. .... vont à la bibliothèque.
a) Les enfants   b) Elle   c) Ma soeur et moi   d) Vous

4. ....vas au café.
a) Vous   b) Nous   c) Tu   d) David

5. .... allez à Montréal.
a) Je   b) Ils   c) Pierre et toi   d) Elle

6. .... vais au musée.
a) Vous   b) Je   c) Il   d) Tu

7. .... va à la plage.
a) Chantal   b) Elles   c) Mes amis   d) Nous

8. .... vont au centre commercial.
a) Il   b) Claudette et Nancy   c) Je   d) Vous

9. .... allons aux États-Unis.
a) Mon cousin et moi   b) Tu   c) Les filles   d) Paul

10. .... allez en Suisse.
a) Elle   b) Nous   c) Vous   d) Ils

Colorie les conjugaisons qui correspondent en français et anglais.

Colour the conjugations that match in French and English.

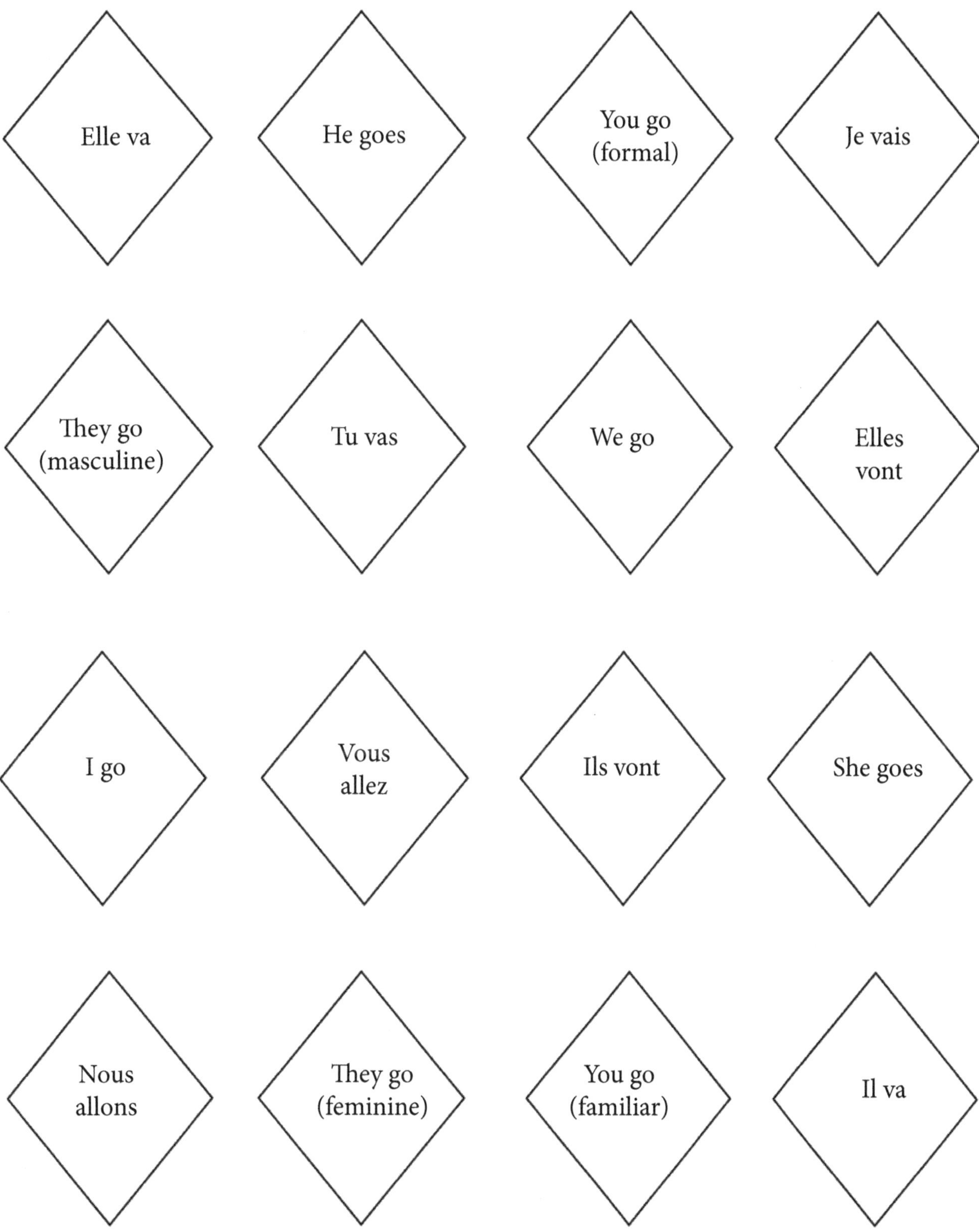

Utilise les mots de chaque groupe pour traduire les phrases en français.

Use the words from each group to translate the sentences into French.

Groupe A	Groupe B	Groupe C
Les étudiants	allons	à la librairie
Je	va	au Canada la semaine prochaine
Vous	vont	à la plage avec ses amis
Céline	vais	au théâtre
Tu	allez	au magasin pour acheter une nouvelle robe
Il	vas	au zoo demain
Mes cousins et moi		au marché avec son grand-père

1. He is going to the beach with his friends.

____

2. My cousins and I are going to the zoo tomorrow.

____

3. You all are going to Canada next week.

____

4. I am going to the store to buy a dress.

____

5. Celine is going to the market with her grandfather.

____

6. The students are going to the theatre.

____

7. You (familiar) are going to the book store.

____

Faire

To do / to make

Je fais - I do / make

Tu fais - You do / make (familiar)

 Il fait - He does / makes

Elle fait - She does / makes

Nous faisons - We do / make

Vous faites - You do / make (formal)

Ils font - They do / make (masculine, mixed group)

Elles font - They do / make (feminine)

exemples:

Ils font des exercises - They do some exercises.

Marisol fait une tarte aux pommes - Marisol makes an apple pie.

Écris la forme correcte du verbe dans les phrases suivantes.
Write the correct form of the verb in the following sentences.

1. Lucie _______________________ de la natation chaque samedi.

2. Les élèves _______________________ leurs devoirs.

3. Marie et moi _______________________ la vaisselle après le dîner.

4. Tu _______________________ du canotage avec tes amis.

5. Il _______________________ très froid aujourd'hui.

6. Qu'est-ce qu'elles _______________________ dehors?

7. Ton père et toi _______________________ du surf.

8. Je _______________________ le lit.

9. Ma grand-mère _______________________ souvent du jogging.

10. Qui _______________________ du sport?

11. Pierre, Gérard et Luc _______________________ un bonhomme de neige.

12. Vous _______________________ les courses avec votre tante.

Encercle la forme correcte du verbe qui correspond avec le pronom.

Circle the correct form of the verb that corresponds with the pronoun.

Elles	fait	font	faisons
Le garçon	fais	faites	fait
Tu	font	fait	fais
Zoey et toi	faisons	faites	font
Il	fait	fais	faisons
Sam et Adrien	faites	font	fais
Je	fais	faisons	fait
Daniel et moi	font	fait	faisons
Vous	fait	faisons	faites
Nadine	faites	fait	font
Les hommes	font	faites	faisons
Nous	fais	faisons	font

Réorganise les mots pour créer des phrases correctes.
Rearrange the words to form correct sentences.

1. kayak / nous / du / faisons

____

2. tante / fait / ma / de / cuisine / la

____

3. fais / l'anniversaire / mon / je / pour / de / gâteau / frère / un

____

4. vous / karaté / du / faites

____

5. filles / la / de / font / gymnastique / les

____

6. soir / il / devoirs / chaque / ses / fait

____

7. la / faisons / danse / nous / de

____

8. biscuits / soeur / elle / des / avec / sa / fait

____

Regarde chaque image et complète la phrase. Il faut conjuguer le verbe "faire." Utilise la banque de mots pour t'aider.

Look at each picture and complete the sentence. You have to conjugate the verb "faire". Use the word bank to help you.

<table>
<tr><td>faire du vélo</td><td>faire du ski</td></tr>
<tr><td>faire de la natation</td><td>faire de la pêche</td></tr>
<tr><td>faire du camping</td><td>faire du patinage</td></tr>
<tr><td>faire une pizza</td><td></td></tr>
</table>

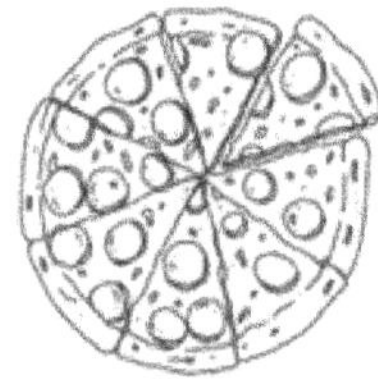

1. Vous ____

2. Il ____

3. 

Je ____

4.   Ils ____

5.   Elle ____

6.   Tu ____

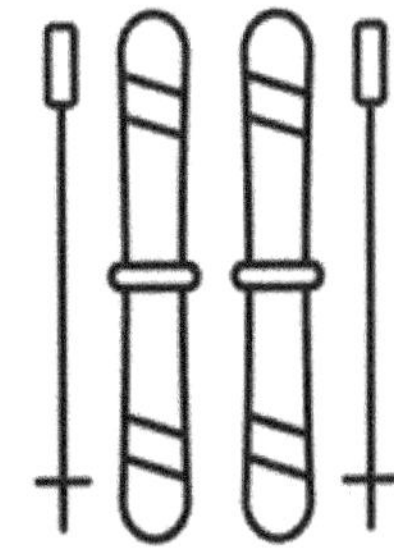

7.   Nous ____

Voir
To see

Je vois - I see

Nous voyons - We see

Tu vois - You see (familiar)

Vous voyez - You see (formal)

Il voit - He sees

Ils voient - They see (masculine / mixed group)

Elle voit - She sees

Elles voient - They see (feminine)

Écris la forme correcte du verbe dans les phrases suivantes.
Write the correct form of the verb in the following sentences.

1. Tu _________________________ un bel arc-en-ciel.

2. Mes cousins et moi _________________________ beaucoup d'insectes.

3. Lise et Marie_________________________ leur professeur au centre commercial.

4. Je _________________________ un film d'action avec mon frère.

5. Les enfants _________________________ une petite ferme à la campagne.

6. Vous_________________________ des clowns au cirque.

7. Pierre _________________________ un nid sur une branche.

8. Claudette et moi _________________________ un parc près de notre maison.

9. Elle _________________________ la voiture blanche dans la rue.

10. Est-ce que tu _________________________ le dossier vert dans le sac?

Décris ce que tu vois dans chaque saison.
Describe what you see in each season.

Au printemps, ____

____

____

En été, ____

____

____

En automne, ____

____

____

En hiver, ____

____

____

Choisis la traduction correcte et écris la phrase sur la ligne.

Choose the correct translation and write the sentence on the line.

1. You see three dogs and a cat in the park.

____

2. We see a lot of books on the table.

____

3. They see some red flowers behind the house.

____

4. The children see the plane in the sky.

____

5. She sees her cousin at the bakery.

____

6. I see the guitar next to the television.

____

Les enfants voient l'avion dans le ciel.	Elle voit sa cousine à la boulangerie.
Nous voyons beaucoup de livres sur la table.	Je vois la guitare à côté de la télévision.
Ils voient des fleurs rouges derrière la maison.	Tu vois trois chiens et un chat dans le parc.

Dessine une ligne à la traduction correcte en français.
Draw a line to the correct French trasnslation.

I see	Vous voyez
You see (familiar)	Elle voit
He sees	Je vois
She sees	Ils voient
We see	Tu vois
You see (formal)	Elles voient
They see (masculine / mixed group)	Il voit
They see (feminine)	Nous voyons

Conjugue le verbe et crée des phrases.
Conjugate the verb and make sentences.

1. Les filles / voir / les animaux.

____

2. Tu / voir / ton oncle à la poste.

____

3. Mes soeurs et moi / voir / la Tour Eiffel.

____

4. Lucille / voir / des étoiles.

____

5. Je / voir / un grand château.

____

6. Nicolas et toi / voir / beaucoup de poissons dans l'aquarium.

____

7. Il / voir / un hélicoptère.

____

8. Les lapins / voir / les carottes.

____

Mettre

To put / To put on

Je mets - I put	Nous mettons - We put
Tu mets - You put (familiar)	Vous mettez - You put (formal)
Il met - He puts	Ils mettent - They put (masculine, mixed group)
Elle met - She puts	Elles mettent - They put (feminine)

Écris la forme correcte du verbe dans les phrases suivantes.

Write the correct form of the verb in the following sentences.

1. Lise _________________________ le stylo et le dossier sur le pupitre.

2. Sylvie et moi _________________________ les pommes dans le panier.

3. Pourquoi vous _________________________ vos chaussures ici?

4. Elle _________________________ les décorations devant la maison.

5. Je _________________________ une belle robe rose.

6. Ils _________________________ la lumière parce qu'ils ont peur.

7. Ma sœur _________________________ la tarte dans le four.

8. Tu _________________________ la télévision.

9. Les enfants _________________________ les ballons dans le sac.

10. Vous _________________________ la voiture dans le garage.

11. Selma et Jacob _________________________ du sirop sur les crêpes.

12. Nous _________________________ les papiers dans la boîte de recyclage.

13. Adrien _________________________ les cadeaux sous le sapin.

14. Claudette et toi _________________________ vos manteaux pour aller dehors.

Colorie les conjugaisons qui sont correctes.

Colour the correct conjugations.

Utilise les mots de chaque groupe pour traduire les phrases en français.

Use the words from each group to translate the sentences into French.

Groupe A	Groupe B	Groupe C
Les élèves	mettons	son uniforme pour aller à l'école
Je	met	le journal devant la lampe
Vous	mettent	une veste noire
Damien	mets	nos jouets sous le lit
Tu	mettez	les oeufs dans le frigo
Elle		les livres sur l' étagère
Mes frères et moi		les fleurs dans un vase

1. She puts the flowers in a vase.

____

2. You (formal) put on a black jacket.

____

3. The students put the books on the shelf.

____

4. Damien puts on his uniform to go to school.

____

5. I put the eggs in the fridge.

____

6. My brothers and I put our toys under the bed.

____

7. You (familiar) put the newspaper in front of the lamp.

____

Traduis les mots en français.
Translate the words in French.

1. ________________________________ du fromage et de la sauce tomate sur la pizza.
          We put

2. Pourquoi ________________________________ ton sac à dos là-bas?
              You put (familiar)

3. ________________________________ les cahiers sur la chaise.
          James and I put

4. Il fait très froid, alors ________________________________ vos mitaines.
                      You (formal) put on

5. ________________________________ des chocolats dans sa poche.
          The boy puts

6. ________________________________ un maillot de bain pour nager.
              She puts on

7. Est-ce qu' ________________________________ les masques pour la fête?
          They put on (masculine / mixed group)

Pouvoir

To be able to / can

Je peux - I can	Nous pouvons - We can
Tu peux - You can (familiar)	Vous pouvez - You can (formal)
Il peut - He can	Ils peuvent - They can (masculine, mixed group)
Elle peut - She can	Elles peuvent - They can (feminine)

Insère la forme correcte du verbe.
Insert the correct form of the verb.

1. Mes cousins et moi ________________________ jouer au hockey après l'école.

2. Pourquoi tu ne ________________________ pas venir?

3. Le chien ________________________ attraper la balle.

4. Est-ce-que vous ________________________ bien m'entendre?

5. Charles et Marie ________________________ faire du camping avec nous.

6. Vous ________________________ attendre ici.

7. Je ________________________ aller au parc ce soir.

8. Les singes ________________________ grimper très bien.

9. Elle ________________________ courir vite.

10. L'homme ________________________ faire de l'escalade.

11. Nous ________________________ construire un bonhomme de neige maintenant.

12. Tu ________________________ décorer la salle pour la boum.

13. L'abeille ________________________ te piquer.

14. Lisa et toi ________________________ chanter au concert.

15. Ils ________________________ retourner plus tard.

Encercle la réponse correcte.
Circle the correct answer.

1. Nous pouvez / pouvons danser ensemble.

2. La directrice peut / peux vous aider.

3. Elles pouvez / peuvent visiter le musée ce weekend.

4. Je peux / peut acheter une nouvelle chemise.

5. Nadine et moi peux / pouvons partir en vacances.

6. Le garçon peuvent / peut manger les beignets.

7. David et toi pouvez / peut jouer dehors.

Réorganise les mots pour créer des phrases correctes.
Rearrange the words to form correct sentences.

1. aller / tu / avec / cinéma / peux / amis / tes / au

____

2. pouvons / et / jouer / Roger / moi / piano / du

____

3. la / porter / verte / elle / chemise / peut

____

4. enfants / peuvent / regarder / les / télévision / une / pour / la / heure

____

5. voiture / mon / réparer / la / père / peut

____

Vouloir

To want

Je veux - I want

Tu veux - You want (familiar)

Il veut - He wants

Elle veut - She wants

Nous voulons - We want

Vous voulez - You want (formal), You all want

Ils veulent - They want (masculine, mixed group)

Elles veulent - They want (feminine)

Insère la forme correcte du verbe.
Insert the correct form of the verb.

1. Qu'est-ce que vous _____________ faire maintenant?

2. Je _____________ aller au cinéma avec mes amis.

3. Émilie et Charlotte _____________ écouter de la musique.

4. Ma sœur et moi _____________ manger de la crème glacée.

5. Il _____________ se promener dehors.

6. Tu _____________ être pompier.

7. Mes parents _____________ voyager en Italie au printemps.

8. Pourquoi elle _____________ porter cette jupe?

9. Les filles _____________ faire un pique-nique demain.

10. Je _____________ un sandwich avec des frites.

11. Natalie et toi _____________ vous bronzer à la plage.

12. Le chien _____________ le jouet.

13. Nous _____________ acheter une nouvelle maison.

14. Il fait chaud, alors il _____________ un verre d'eau froide.

15. Sylvie _____________ préparer le dîner pour sa famille.

Encercle la réponse correcte.
Circle the correct answer.

1. Pierre veux / veut les chaussures blanches.

2. Mes cousins veulent / voulons aller à la piscine.

3. Tu veut / veux peindre.

4. Elizabeth et moi voulez / voulons faire des achats.

5. Je veux / veut prendre le train.

6. Camille et toi voulez / veulent aller au centre commercial.

7. Elle veux / veut se réveiller à huit heures du matin.

Réorganise les mots pour créer des phrases correctes.
Rearrange the words to form correct sentences.

1. famille / végétarienne / une / veut / ma / pizza

____

2. veux / chapeau / je / nouveau / un

____

3. votre / favori / vous / restaurant / voulez / à / manger

____

4. élèves / jouer / classe / un / les / jeu / en / veulent

____

5. Henri / faire / et / du / voulons / moi / roller

____

Savoir
To know how to do something / to know a fact

Je sais - I know

Tu sais - You know (familiar)

Il sait - He knows

Elle sait - She knows

Nous savons - We know

Vous savez - You know (formal), You all know

Ils savent - They know (masculine, mixed group)

Elles savent - They know (feminine)

Insère la forme correcte du verbe.
Insert the correct form of the verb.

1. Michelle _________________ jouer de la flute.

2. Les enfants _________________ cuisiner.

3. Qui _______________ la réponse?

4. Pourquoi tu ne _________________ pas le vocabulaire?

5. Vous ________________ parler deux langues.

6. Je _________________ faire du kayak.

7. Mon cousin et moi ___________________ patiner bien.

8. Est-ce que tu ___________________ où est le chat?

9. Il ___________________ conduire.

10. Nous ___________________ que Monsieur Gilbert est très strict.

11. Elles ___________________ lire le journal.

12. Je _______________ que tu aimes les raisins.

13. Kim et toi _________________ résoudre le casse-tête.

14. Les femmes _________________ coudre les belles robes.

15. Luc _______________ à quelle heure commence le cours de mathématiques.

Encercle la bonne réponse.
Circle the correct answer.

1. Ils sait / savent conjuguer les verbes en français.

2. Nathan sais / sait parler allemand.

3. Vous savons / savez que mon père est policier.

4. Les écureuils savent / savons où sont les noix.

5. Je sais / sait par coeur toutes les tables de multiplication.

6. Paul et moi savez / savons faire de la pêche.

7. Elle sais / sait que j'aime les dauphins.

Réorganise les mots pour créer des phrases correctes.
Rearrange the words to form correct sentences.

1. corde / tu / la / sauter / à / sais

____

2. sait / du / elle / faire / yoga

____

3. filles / très / dessiner / savent / les / bien

____

4. poème / savez / un / vous / écrire

____

5. magasin / l'adresse / ma / sait / du / mère

____

Devoir
To have to, must

Je dois - I must

Tu dois - You must (familiar)

Il doit - He must

Elle doit - She must

Nous devons - We must

Vous devez - You must (formal), You all must

Ils doivent - They must (masculine, mixed group)

Elles doivent - They must (feminine)

Insère la forme correcte du verbe.
Insert the correct form of the verb.

1. Tu __________________________ compléter les activités tout de suite.

2. Ton frère et toi __________________________ ranger la chambre.

3. Elles __________________________ respecter le professeur.

4. Gérard __________________________ étudier pour le test.

5. Est-ce que nous ______________________ aller en avion?

6. Vous __________________________ partir à sept heures du soir.

7. Je __________________________ arriver tôt à l'école aujourd'hui.

8. Les étudiants _____________________________ mettre les déchets dans la poubelle.

9. Mes amis et moi ____________________________ finir le projet ce weekend.

10. Le cousin de Nadine ________________________ aller à l'hôpital parce qu'il est très malade.

11. Ils __________________________ manger les légumes.

12. Tu ______________________ prendre une douche maintenant.

13. Il neige beaucoup, alors je ______________________ porter mes bottes.

14. Nous __________________________ aider les animaux en danger.

15. Le bébé _____________________ boire du lait.

Encercle la bonne réponse.
Circle the correct answer.

1. Vous devons / devez obéir à vos parents.

2. Gisèle doit / dois prêter attention.

3. Je dois / doit porter les lunettes.

4. Ma soeur et moi doivent / devons pratiquer le piano chaque jour.

5. Tu doit / dois attendre ici.

6. Mon oncle doit / dois laver la voiture.

7. Elles devez / doivent faire des exercices.

Réorganise les mots pour créer des phrases correctes.
Rearrange the words to form correct sentences.

1. devons / la / nous / à / matin / ce / marcher / bibliothèque

____

2. grand-mère / aider / Sophie / sa / doit

____

3. utiliser / recherches / je / l'ordinateur / des / pour / dois / faire

____

4. aller / le / doivent / chez / ils / médecin

____

5. vous / les / maintenant / trouver /clés / devez

____

La pratique - pouvoir, vouloir, savoir, devoir

Écris la lettre qui correspond avec la conjugaison en français.
Write the letter that matches the French conjugation.

______ Vous savez

______ Il doit

______ Je peux

______ Nous voulons

______ Elles doivent

______ Je sais

______ Vous pouvez

______ Ils veulent

______ Je dois

______ Nous savons

______ Elle peut

______ Tu veux

A. We want

B. You can (formal)

C. They must (feminine)

D. We know

E. I can

F. She can

G. You know (formal)

H. I must

I. You want (familiar)

J. They want (masculine)

K. He must

L. I know

Complète les phrases avec la forme correcte du verbe pouvoir, vouloir, savoir ou devoir.
Complete the sentences with the correct form of the verb - pouvoir, vouloir, savoir or devoir.

1. Elle _____________________ aider sa mère à préparer le déjeuner.

2. Comment tu _____________________ que c'est correct.

3. Le tigre _____________________ sauter très haut.

4. Qu'est-ce qu'il _____________________ pour son anniversaire?

5. Les garçons _____________________ nettoyer le jardin.

6. Mes amis et moi _____________________ marcher au parc.

7. David et Lise _____________________ aller à la discothèque mais ils sont trop jeunes.

8. Mon père _____________________ que je n'aime pas les légumes.

9. Pourquoi ils _____________________ visiter la Chine?

10. Les grands-parents d'Andrew _____________________ prendre des médicaments
chaque jour parce qu'ils sont malades.

11. Ton oncle et toi _____________________ faire du ski ce weekend.

12. Il _____________________ acheter une nouvelle moto.

Utilise les mots de chaque groupe pour créer des phrases.

Use the words from each group to make sentences.

Groupe A	Groupe B	Groupe C
Tout le monde	veut	boire du lait chaque jour
Je	pouvez	aller à la fête
Michelle et moi	dois	suivre les instructions
Vous	peux	chanter au concert
Les étudiants	voulons	la solution aux problèmes
Tu	sait	sortir avec ses amies ce soir
La fille	doivent	regarder votre film favori

____

____

____

____

____

____

Colorie les conjugaisons correctes.
Colour the correct conjugations.

Le Futur Proche
Aller + infinitif

In French, when you want to talk about events that are going to happen in the near future, you use *aller + the infinitive*. It indicates that you are going to do something.

Step 1: Present Tense of the verb "aller"

Je vais

Tu vas

Il va

Elle va

Nous allons

Vous allez

Ils vont

Elles vont

Step 2: The infinitive is simply the verb by itself.

chanter (to sing)

finir (to finish)

vendre (to sell)

exemples:

Elle va chanter au concert. - She is going to sing at the concert.

Je vais finir mes devoirs. - I am going to finish my homework.

Nous allons vendre notre voiture. - We are going to sell our car.

Complète les phrases avec le futur proche.
Complete the sentences with the near future tense.

exemple: Tu _________________________ de la musique. (écouter)

Tu vas écouter de la musique.

1. Vous _________________________ un sandwich. (préparer)

2. Les enfants _________________________ un film d'aventure. (regarder)

3. Je _________________________ pour mon test d'espagnol. (étudier)

4. Mon oncle _________________________ une chemise bleue. (acheter)

5. Nous _________________________ au tennis ce soir. (jouer)

6. Demain, ma classe _________________________ le musée. (visiter)

7. Ma soeur _________________________ avec Matthew ce weekend. (sortir)

8. Tu _________________________ une lettre à ton ami en Chine. (écrire)

9. Marc _________________________ avec les dauphins. (nager)

10. Anna et Michelle _________________________ les robes rouges. (porter)

11. Elle _________________________ les animaux. (nourrir)

12. La semaine prochaine, ma famille et moi _________________________

du camping. (faire)

Change les phrases suivantes du présent au futur proche.
Change the following sentences from the present to the near future.

exemple: Je mange une pêche.
        Je vais manger une pêche.

1. Il marche à la poste.

____

2. Nous aidons notre professeur.

____

3. Tu fais de la natation.

____

4. Vous nettoyez la maison.

____

5. Chantal choisit un cadeau pour sa tante.

____

6. Le train arrive à midi.

____

7. Les hommes coupent les arbres.

____

Traduis les phrases suivantes en français.
Translate the following sentences into French.

exemple: I am going to wash the car.
           Je vais laver la voiture.

1. She is going to watch television.

____

2. You are going (familiar) to live in France.

____

3. The boys are going to win the soccer match.

____

4. We are going to travel to Montreal in summer.

____

5. I am going to plant some flowers.

____

6. Thomas is going to be a doctor.

____

7. My mom and I are going to make some cookies.

____

Le négatif - ne.............pas

How to say "not" in French

To form the negative in French, you simply put *"ne"* before the verb and *"pas"* after
the verb.

exemples:

Louise patine bien.   Elle est généreuse.
Louise ne patine pas bien.   Elle n'est pas généreuse.

Insère ne....pas dans les phrases suivantes.
Insert ne....pas in the following sentences.

1. Je .... suis .... triste.

2. Les professeurs .... sont .... dehors.

3. Mon livre .... est .... sur la table.

4. Il ....y a .... d'animaux au zoo.

5. Vous .... jouez .... au badminton.

6. Elle .... fait .... du canotage.

7. Lisa et moi .... achetons .... les sacs à main.

8. Tu .... lis .... le message.

9. Jean et Paul .... préparent .... le pétit déjeuner.

10. Il .... arrive .... à l'heure.

Change les phrases suivantes au négatif.
Change the following sentences to the negative.

1. Nous sommes canadiens.

____

2. Il y a des fleurs dans le vase.

____

3. Tu aimes la pizza avec du bacon.

____

4. Elles boivent du thé.

____

5. Mes amis et moi allons au centre commercial.

____

6. Vous visitez le musée en Suisse.

____

7. C'est un grand bateau.

____

8. Mon oncle cuisine bien.

____

9. Il est très poli.

____

10. Pourquoi tu manges les bonbons maintenant?

____

11. J'aime les pêches.

____

12. Théo et Claudette travaillent à la banque.

____

13. Mon père est mécanicien.

____

14. J'arrive au lycée en voiture.

____

15. Les enfants finissent leurs devoirs.

____

16. Il habite en Australie.

____

17. Vous perdez le match de football.

____

Change le paragraphe au négatif.
Change the paragraph to the negative.

Alex est un enfant unique. Il y a trois membres dans sa famille. Ses parents sont professeurs et ils sont très stricts. Alex est petit et timide. Il aime jouer aux jeux vidéos et lire. Les weekends, il va au parc avec ses amis et il visite ses cousins. Alex a un chien, Max. Il est très grand et blanc. Max et Alex passent beaucoup de temps ensemble.

Réorganise les mots pour créer des phrases correctes.

Rearrange the words to make correct sentences.

1. pas   librairie   je   aller   ne   la   veux   à

____

2. voyageons   ne   par   Angleterre   en   train   nous   pas

____

3. ne   pour   ils   le   sont   test   pas   aujourd'hui   nerveux

____

4. aimons   frère   pas   moi   le   ne   brocoli   mon   et

____

5. ici   pas   il   rester   veut   ne

____

6. es   parce   beaucoup   ne   tu   pleut   content   que   pas   il

____

7. jaune   une   pas   belle   Chantal   porte   robe   ne

____

Réponds aux questions suivantes en utilisant le négatif.
Respond to the following questions using the negative.

exemple: Est-ce que tu joues au tennis?

Non, je ne joue pas au tennis.

1. Est-ce que tu es fatigué?

____

2. Est-ce que tu aimes les kiwis?

____

3. Est-ce que tu portes un chapeau à l'école?

____

4. Est-ce que tu parles espagnol?

____

5. Est-ce que tu fais du karaté?

____

6. Est-ce que tu patines sur la glace?

____

7. Est-ce que tu manges des œufs?

____

8. Est-ce que tu écoutes de la musique hip hop?

____

9. Est-ce que tu joues du piano?

____

10. Est-ce que tu aimes l'hiver?

____

Les adjectifs possessifs
Possessive Adjectives

L'adjectif possessif	Masculin	Féminin	Pluriel
my	mon	ma	mes
your (familiar)	ton	ta	tes
his/her/its	son	sa	ses
our	notre	notre	nos
your	votre	votre	vos
their	leur	leur	leurs

To know when to use the correct possessive adjective, you first have to determine if the noun is masculine or feminine and singular or plural. Then, you can select the corresponding possessive adjective.

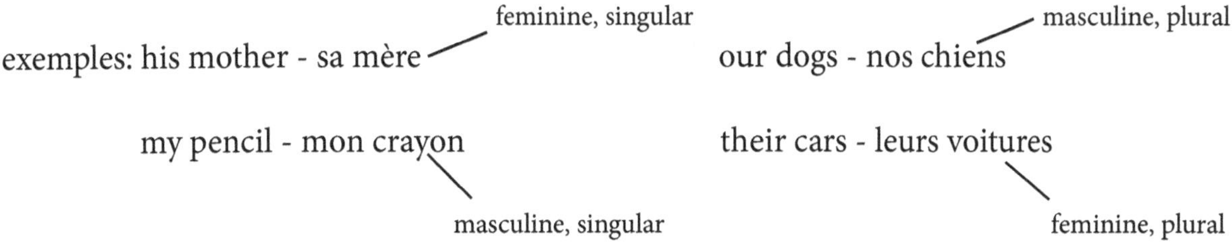

IMPORTANT: When the noun begins with a vowel, you must use the MASCULINE form even if the noun is feminine.

ex. my school – mon école   your friend – ton amie

Choisis l'adjectif possessif correct pour compléter les phrases.
Choose the correct possessive adjective to complete the sentences.

1. _______________ taille-crayon est sous la table.

a) ta   b) tes   c) ton

2. _______________ parents sont stricts.

a) notre   b) nos   c) son

3. _______________ animal favori est un éléphant.

a) mon   b) ma   c) mes

4. _______________ amis veulent jouer avec nous.

a) leur   b) votre   c) leurs

5. _______________ soeur est très belle.

a) ses   b) sa   c) son

6. _______________ école s'appelle Happyville.

a) ton   b) tes   c) ta

7. _______________ vélo est rouge.

a) ses   b) son   c) sa

8. _______________ cheveux sont longs et bruns.

a) mon   b) mes   c) ma

Ex. my pen – mon stylo

le stylo

↓

masculine ⟶ "my" masculine is MON

1. my cat - ____

2. their bicycle - ____

3. our shoes - ____

4. his brother - ____

5. your (familiar) eraser -____

6. her uncle - ____

7. my books - ____

8. your (formal) car - ____

9. his house - ____

10. our cake - ____

11. their toys - ____

12. her pencil case - ____

Lis chaque phrase et insère l'adjectif possessif approprié.
Read each sentence and insert the appropriate possessive adjective.

1. Je ne peux pas trouver _____________________ dossier.

2. Élise met _____________________ chapeau sur la table.

3. Nous allons visiter _____________________ cousins.

4. Les filles portent _____________________ nouvelles robes à la fête.

5. Vous devez étudier pour _____________________ examen de mathématiques.

6. J'adore _____________________ grands-parents parce qu'ils sont très gentils.

7. Est-ce que tu as aidé _____________________ mère à faire la lessive?

8. Michelle et moi achetons un cadeau pour _____________________ professeur.

9. Les hommes veulent manger _____________________ sandwichs maintenant.

10. Je suis excité parce que demain c'est _____________________ anniversaire.

11. Ton frère et toi regardez _____________________ film favori.

12. Le chien joue avec _____________________ balle.

13. Il est fatigué parce que _____________________ sac à dos est très lourd.

14. Nous rangeons _____________________ chambre.

Les verbes réfléchis
Reflexive Verbs

In French, reflexive verbs are verbs in which the action is being done to oneself.

In order to identify these verbs, you will notice that "se" is placed in front of the verb.

It is important to note that for each subject pronoun, there is a corresponding reflexive pronoun that goes along with it.

Step 1 - The following reflexive pronouns are used for each subject pronoun.

Je *me*

Tu *te*

Il *se*

Elle *se*

Nous *nous*

Vous *vous*

Ils *se*

Elles *se*

Step 2 - Conjugate the verb as you normally would.

exemple:
se doucher - to take a shower

Je me douche

Tu te douches

Il se douche

Elle se douche

Nous nous douchons

Vous vous douchez

Ils se douchent

Elles se douchent

Conjugue les verbes suivantes.
Conjugate the following verbs.

se laver - to wash

se coucher - to go to bed

se raser - to shave

se maquiller - to put on makeup

Complète les phrases avec les verbes réfléchis au présent.
Complete the sentences with the present tense of the reflexive verbs.

1. Tu _______________________________ à six heures du matin. (se réveiller)

2. Mon grand-père _______________________________ après avoir fait du jardinage. (se reposer)

3. Les filles _______________________________ les cheveux. (se couper)

4. Vous _______________________________ en vacances à Londres. (s'amuser)

5. Ma soeur et moi _______________________________ à la plage. (se bronzer)

6. Dominique _______________________________ les dents deux fois par jour. (se brosser)

7. Je _______________________________ avant d'aller à l'école. (se peigner)

8. Le chien et le chat _______________________________ souvent. (se battre)

9. Le professeur _______________________________ parce que les élèves parlent beaucoup.

(se fâcher)

10. Nous _______________________________ au parc. (se promener)

11. Ils _______________________________ vite. (s'habiller)

12. Marie _______________________________ pour arriver tôt à l'aéroport. (se dépêcher)

Choose the word that matches each picture.

se réveiller	se brosser les dents	se baigner
se maquiller	s'amuser	se coucher
se peigner les cheveux	se laver	s'habiller

_______________ _______________ _______________

_______________ _______________ _______________

_______________ _______________ _______________

Le Passé Composé avec Avoir

To form the passé composé or past tense in French, you simply need the present tense of the verb "avoir" and the past participle.

Step 1: Present Tense of Avoir

J'ai   Nous avons

Tu as   Vous avez

Il/Elle a   Ils/Elles ont

Step 2: Find the past participle of the verb.

er verbs – é

chanter ⟶ chanté

ir verbs – i

finir ⟶ fini

re verbs – u

perdre ⟶ perdu

exemples:

J'ai chanté – I sang

Nous avons fini – We finished

Ils ont perdu - They lost

Conjugue les verbes suivants dans le passé composé.
Conjugate the following verbs in the past tense.

parler

choisir

____

____

____

____

vendre

____

Insère la forme correcte du verbe dans le passé composé.
Insert the correct form of the verb in the past tense.

1. Vous _________________________ en Suisse l'année passée. (voyager)

2. Mes parents _________________________ notre maison. (vendre)

3. Je _________________________ une nouvelle chemise. (acheter)

4. Les enfants _________________________ leurs devoirs. (finir)

5. La tante de Jenny _________________________ ses lunettes. (perdre)

6. Nous _________________________ le match de tennis. (gagner)

7. Lucie et David _________________________ dans la piscine. (nager)

8. Ma mère _________________________ un repas délicieux pour mon anniversaire. (préparer)

9. Ton frère et toi _________________________ le panier avec des pommes. (remplir)

10. Je _________________________ mon cousin à compléter le projet. (aider)

11. Les plantes _________________________ vite. (grandir)

12. Tu _________________________ le bus après l'école. (attendre)

13. Mon professeur _________________________ les papiers. (corriger)

14. Les élèves _________________________ la salle de classe. (nettoyer)

15. Sylvie _________________________ mon cahier. (utiliser)

16. Ton père _________________________ ses clefs sur la table. (oublier)

17. Nicolas et toi _________________________ un peu. (manger)

18. Vous _________________________ la musique dans la rue. (entendre)

19. Ma famille _________________________ le musée hier. (visiter)

20. Élaine et Richard _________________________ au directeur. (obéir)

21. Le dauphin _________________________ dans l'eau. (sauter)

22. Est-ce que Monsieur Herbert _________________________ les plantes? (arroser)

23. Tu _________________________ le chat ce matin. (nourrir)

24. Ils _________________________ aux questions. (répondre)

Irregular Past Participles

mettre	mis
boire	bu
faire	fait
prendre	pris
avoir	eu
être	été
voir	vu
dire	dit
lire	lu
écrire	écrit
apprendre	appris
ouvrir	ouvert
vouloir	voulu

exemples:

J'ai voulu aller au parc. – I wanted to go to the park.

Il a bu de l'eau. – He drank some water.

Nous avons appris l'espagnol. – We learned Spanish.

Insère la forme correcte du verbe dans le passé composé.

Insert the correct form of the verb in the past tense.

1. Mon oncle _______________________ le journal ce matin. (lire)

2. Je _______________________ beaucoup d'oiseaux dans le ciel. (voir)

3. Nous _______________________ du kayak. (faire)

4. Tu _______________________ une tasse de thé. (boire)

5. Pauline _______________________ la fenêtre. (ouvrir)

6. Vous _______________________ le français (apprendre) quand vous

_______________________ (visiter) la Belgique.

7. Elle _______________________ le train au centre commercial. (prendre)

8. La fille _______________________ le sac sur la chaise. (mettre)

9. Andrew _______________________ aller au cinéma (vouloir) mais sa

mère _______________________ non. (dire)

10. Mes amis et moi _______________________ de l'équitation. (faire)

11. Je _______________________ un poème pour ma sœur. (écrire)

Change les phrases suivantes du présent au passé composé.
Change the following sentences from the present tense to the past tense.

1. Je visite le théâtre avec Émilie.

____

2. Nous mangeons des biscuits et nous buvons du lait.

____

3. Michelle joue au badminton avec Sally.

____

4. La souris mord le fromage.

____

5. Les filles portent des uniformes bleus.

____

6. Tu mets le chapeau sur le sofa.

____

7. Ils font du ski.

____

8. Tu ramasses les déchets par terre.

____

9. Gérard et moi partageons des bonbons avec nos amis.

____

10. Elles bâtissent un château de sable.

____

11. Je rends visite à ma tante.

____

12. Vous apprenez à cuisiner.

____

13. Au printemps la glace fond vite.

____

14. Ma mère rôtit un poulet avec des légumes pour le dîner.

____

15. Les cours commencent à neuf heures quinze du matin.

____

Traduis les phrases suivantes en français.
Translate the following sentences into French.

1. My father worked at the post office.

____

2. I listened to music for two hours.

____

3. Henri bought a white sweater.

____

4. You studied for the Math test.

____

5. Charles and I celebrated our birthdays at our favourite restaurant.

____

6. She sang at the concert.

____

7. His aunt prepared some sandwiches this morning.

____

Le Passé Composé avec Être

Step 1: Conjugate the verb "être" in the present tense.

Je suis   Nous sommes

Tu es   Vous êtes

Il / Elle est   Ils / Elles sont

Step 2: Find the past participle of the verb.

The following verbs are used with the verb "être" in the passé composé.

To remember this list of words, use the acronym **DRMRSVANDERTRAMPP**

Devenir (to become) - devenu

Revenir (to come back) - revenu

Mourir (to die) - mort

Rester (to stay) - resté

Sortir (to go out) - sorti

Venir (to come) - venu

Aller (to go) - allé

Naître (to be born) - né

Descendre (to go down) - descendu

Entrer (to enter) - entré

Rentrer (to return) - rentré

Tomber (to fall) - tombé

Retourner (to return) - retourné

Arriver (to arrive) - arrivé

Monter (to go up) - monté

Partir (to leave) - parti

Passer par * (to pass by) - passé

Step 3: Ensure that the verb agrees in number and gender with the subject pronoun.

ex. Marie est allée à la plage.

Les enfants sont tombés.

Cathérine et Pauline sont nées en France.

Insère la forme correcte du passé composé avec le verbe "être."
Insert the correct form of the past tense using the verb "être."

1. Tu ______________________________ avec Richard? (sortir)

2. Le train ______________________________ à neuf heures du matin. (arriver)

3. Mes amis et moi ______________________________ à Paris l'année dernière. (aller)

4. Elle ______________________________ très vite. (partir)

5. Le chien ______________________________ hier soir. (mourir)

6. Vous ______________________________ à un hôtel près de la plage. (rester)

7. Il ______________________________ le Jour de San Valentin. (naître)

8. Je ______________________________ l'escalier. (descendre)

9. Après l'université, Natalie ______________________________ infirmière. (devenir)

10. Les filles ______________________________ à minuit. (rentrer)

Complète la grille
Complete the table

Pronoun	Present Tense of ÊTRE	Past participle
Je		(sortir)
Tu		(retourner)
Il		(arriver)
Elle		(devenir)
Nous		(entrer)
Vous		(revenir)
Ils		(rester)
Elles		(partir)
Marc et moi		(aller)
Les femmes		(tomber)
Le singe		(monter)
Adrien et toi		(rentrer)
Les enfants		(descendre)
La fille		(venir)

Trouve la traduction correcte en utilisant les mots de chaque groupe.

Find the correct translation by using the words from each group.

Groupe A	Groupe B	Groupe C
Nous	sont venus	au centre commercial avec ses amis.
Je	es resté	au Canada.
Olivia	suis arrivé	à la fête.
Tu	sommes nés	à l'école à huit heures du matin.
David et Gérald	est allée	à la maison de ta grand-mère hier.

1. Olivia went to the mall with her friends.

____

2. I arrived to school at 8am.

____

3. You stayed at your grandmother's house yesterday.

____

4. David and Gerald came to the party.

____

5. We were born in Canada.

____

Le Passé Composé et le Négatif

To form the negative in the past tense, you put « *ne* » before the conjugation of avoir or être and « *pas* » after it.

exemples:

Tu .... as ....regardé la télévision.
Tu n'as pas regardé la télévision.

Nous .... sommes .... rentrés à l'heure.
Nous ne sommes pas rentrés à l'heure.

Insère le négatif dans les phrases suivantes.
Insert the negative in the following sentences.

1. Tu .... as .... écouté le professeur.

2. Elles .... sont................................. allées au musée.

3. Monsieur Gilbert .... a .... rendu les papiers.

4. Je .... suis .... sorti avec mon cousin.

5. Vous ....avez .... nettoyé la maison.

6. Pauline et moi .... sommes .... arrivés en avion.

7. Il ....est................................. mort.

8. Je ....ai................................. mangé le hotdog.

9. Luc et Marie .... ont .... bâti un bonhomme.

10. Tu .... es .... venu au restaurant.

Change les phrases suivantes au négatif.
Change the following sentences to the negative.

1. J'ai vendu mon vélo.

____

2. Ils sont partis à trois heures de l'après-midi.

____

3. Nathan et Paul ont rangé la chambre.

____

4. Tu as grossi beaucoup.

____

5. Les étudiants ont réussi l'examen.

____

6. Natalie a lu dix livres.

____

7. Daniel et moi avons fait du camping.

____

8. Vous avez vu les pandas.

____

9. Tu es allé à un concert la semaine passée.

____

10. Elle a gagné une médaille.

____

11. Ils ont coupé le gâteau ensemble.

____

12. Olivia et James ont sali le tapis avec leurs bottes.

____

13. Paul est né le cinq septembre.

____

14. J'ai compris la question.

____

15. Les élèves sont entrés dans la salle de classe vite.

____

ANSWERS

<table>
<tr><td colspan="2">Page 1</td></tr>
<tr><td>le chat (m)</td><td>la fraise (f)</td></tr>
<tr><td>les livres (m, pl)</td><td>la maison (f)</td></tr>
<tr><td>l'école (f)</td><td>l'avion (m)</td></tr>
<tr><td>les fleurs (f, pl)</td><td>le stylo (m)</td></tr>
<tr><td>les garçons (m, pl)</td><td>la robe (f)</td></tr>
<tr><td>l'éléphant (m)</td><td>les voitures (f, pl)</td></tr>
</table>

<table>
<tr><td colspan="2">Page 2</td></tr>
<tr><td>1. la fraise</td><td>5. l'éléphant</td></tr>
<tr><td>2. les garçons</td><td>6. le chat</td></tr>
<tr><td>3. le stylo, les livres</td><td>7. l'école</td></tr>
<tr><td>4. les fleurs</td><td>8. la maison</td></tr>
</table>

<table>
<tr><td colspan="2">Page 3</td></tr>
<tr><td colspan="2">9. l'avion   10. les voitures   11. la robe</td></tr>
<tr><td>la musique - F</td><td>le biscuit - M</td></tr>
<tr><td>le papillon - M</td><td>la lune - F</td></tr>
<tr><td>la rivière - F</td><td>le lait - M</td></tr>
<tr><td>le bateau - M</td><td>la fille - F</td></tr>
<tr><td>le sofa - M</td><td>le tennis - M</td></tr>
<tr><td>la chemise - F</td><td>le train - M</td></tr>
<tr><td>la fenêtre - F</td><td>la télévision - F</td></tr>
<tr><td>la porte - F</td><td>le centre commercial - M</td></tr>
</table>

<table>
<tr><td colspan="2">Page 4</td></tr>
<tr><td>1. la classe</td><td>8. la gomme, la table</td></tr>
<tr><td>2. la question</td><td>9. les enfants</td></tr>
<tr><td>3. le sac à dos</td><td>10. la bibliothèque</td></tr>
<tr><td>4. les parents</td><td>11. le professeur</td></tr>
<tr><td>5. l'école</td><td>12. les carottes</td></tr>
<tr><td>6. les pommes, les raisins</td><td>13. l'estomac</td></tr>
<tr><td>7. l'oiseau, la baleine</td><td>14. les fleurs</td></tr>
<tr><td></td><td>15. les beignets</td></tr>
</table>

<table>
<tr><td colspan="2">Page 6</td></tr>
<tr><td>1. un vélo</td><td>7. un cercle</td></tr>
<tr><td>2. une pomme</td><td>8. une chaise</td></tr>
<tr><td>3. des tigres</td><td>9. des professeurs</td></tr>
<tr><td>4. une plante</td><td>10. une étoile</td></tr>
<tr><td>5. un parapluie</td><td>11. un abricot</td></tr>
<tr><td>6. des insectes</td><td>12. des étudiants</td></tr>
<tr><td>1. des tigres</td><td></td></tr>
<tr><td>2. une étoile</td><td></td></tr>
</table>

<table>
<tr><td>Page 7</td></tr>
<tr><td>3. un parapluie</td></tr>
<tr><td>4. un vélo</td></tr>
<tr><td>5. des insectes</td></tr>
<tr><td>6. une pomme, un abricot</td></tr>
<tr><td>7. une plante</td></tr>
<tr><td>8. un cercle</td></tr>
<tr><td>9. des professeurs</td></tr>
<tr><td>10. une chaise</td></tr>
</table>

Page 8	
un chat - M	un kangourou - M
une trousse - F	un pot - M
une table - F	une couleur - F
un dossier - M	un ordinateur - M
une sorcière - F	une tête - F
une banque - F	une veste - F
un avion - M	un canard - M
une chanteuse - F	

Page 9	
1. un perroquet, une branche	9. des fruits, des légumes
2. un ballon	10. une université
3. une règle	11. un test
4. des cadeaux	12. des pandas
5. des chaussures	13. un t-shirt
6. un film	14. une librairie
7. une tasse	15. des cerises, des
8. un frère, une soeur	bleuets

Page 10

Nom	Article défini	Article indéfini
cahier (m) - notebook	le cahier	un cahier
jupe (f) - skirt	la jupe	une jupe
bonbon (m) - candy	le bonbon	un bonbon
grenouille (f) - frog	la grenouille	une grenouille
bouche (f) - mouth	la bouche	une bouche
arbre (m) - tree	l'arbre	un arbre
oreille (f) - ear	l'oreille	une oreille
pupitre (m) - desk	le pupitre	un pupitre
chapeau (m) - hat	le chapeau	un chapeau
tante (f) - aunt	la tante	une tante
lapin (m) - rabbit	le lapin	un lapin
étoile (f) - star	l'étoile	une étoile
marqueur (m) - marker	le marqueur	un marqueur
jeu (m) - game	le jeu	un jeu
porte (f) - door	la porte	une porte
fille (f) - girl	la fille	une fille
jardin (m) - garden	le jardin	un jardin

Page 12	
1. les pêches	11. les poires
2. des rhinocéros	12. des hommes
3. les ordinateurs	13. les gâteaux
4. des chaussettes	14. les oranges
5. les magasins	15. des amies
6. des bureaux	16. les glaces
7. les girafes	17. les bus
8. les jeux	18. des animaux
9. des pizzas	19. les ananas
10. les ours	20. des fleurs

Page 13
1. des araignées
2. des camions
3. des tableaux
4. les étudiants
5. les hotdogs
6. les agendas
7. les fenêtres
8. des cartes
9. des prix
10. les singes, les iguanes

Page 14

Nom	Article défini Singulier	Article défini Pluriel	Article indéfini Singulier	Article indéfini Pluriel
papier (m)	le papier	les papiers	un papier	des papiers
banane (f)	la banane	les bananes	une banane	des bananes
restaurant (m)	le restaurant	les restaurants	un restaurant	des restaurants
train (m)	le train	les trains	un train	des trains
fête (f)	la fête	les fêtes	une fête	des fêtes
salle (f)	la salle	les salles	une salle	des salles
poisson (m)	le poisson	les poissons	un poisson	des poissons
monstre (m)	le monstre	les monstres	un monstre	des monstres
trousse (f)	la trousse	les trousses	une trousse	des trousses
journal (m)	le journal	les journaux	un journal	des journaux
lettre (f)	la lettre	les lettres	une lettre	des lettres
souris (f)	la souris	les souris	une souris	des souris
manteau (m)	le manteau	les manteaux	un manteau	des manteaux
dictionnaire (m)	le dictionnaire	les dictionnaires	un dictionnaire	des dictionnaires
écharpe (f)	l'écharpe	les écharpes	une écharpe	des écharpes

<table>
<tr><td colspan="2">Page 17</td></tr>
<tr><td>1. facile</td><td>11. jolie</td></tr>
<tr><td>2. optionnelle</td><td>12. méchante</td></tr>
<tr><td>3. importante</td><td>13. rapide</td></tr>
<tr><td>4. fâchée</td><td>14. généreuse</td></tr>
<tr><td>5. nerveuse</td><td>15. créative</td></tr>
<tr><td>6. sportive</td><td>16. populaire</td></tr>
<tr><td>7. excellente</td><td>17. ennuyée</td></tr>
<tr><td>8. fantastique</td><td>18. amusante</td></tr>
<tr><td>9. intelligente</td><td></td></tr>
<tr><td>10. grande</td><td></td></tr>
</table>

<table>
<tr><td colspan="2">Page 18</td></tr>
<tr><td>1. heureuse</td><td>9. maigre</td></tr>
<tr><td>2. branchée</td><td>10. effrayée</td></tr>
<tr><td>3. forte</td><td>11. aventureuse</td></tr>
<tr><td>4. riche</td><td>12. patiente</td></tr>
<tr><td>5. polie</td><td>13. coopérative</td></tr>
<tr><td>6. courageuse</td><td>14. triste</td></tr>
<tr><td>7. comique</td><td>15. charmante</td></tr>
<tr><td>8. paresseuse</td><td>16. jeune</td></tr>
</table>

Page 20

t	f	a	n	t	a	s	t	i	q	u	e
n	e	d	x	u	e	g	a	r	u	o	c
e	g	r	a	n	d	p	i	e	h	n	f
g	b	i	o	s	v	l	m	c	o	s	a
i	u	c	w	c	o	n	t	e	n	t	v
l	m	h	i	j	u	r	i	p	r	r	k
l	g	e	k	u	e	w	g	i	a	o	g
e	u	n	z	d	v	b	s	e	w	f	e
t	f	o	i	n	x	t	a	d	l	p	n
n	e	p	r	w	e	n	k	a	h	d	t
i	a	k	e	v	l	s	g	u	m	o	i
r	h	d	s	f	a	c	i	l	e	c	l

Masculin	Féminin	Pluriel Masculin & Féminin
chaud (hot)	chaude	chauds chaudes
serviable (helpful)	serviable	serviables serviables
sensationnel (terrific)	sensationnelle	sensationnels sensationnelles
délicieux (delicious)	délicieuse	délicieux délicieuses
court (short)	courte	courts courtes
responsable (responsible)	responsable	responsables responsables
organisé (organized)	organisée	organisés organisées
impulsif (impulsive)	impulsive	impulsifs impulsives
furieux (furious)	furieuse	furieux furieuses
pauvre (poor)	pauvre	pauvres pauvres
âgé (old)	âgée	âgés âgées
mauvais (bad)	mauvaise	mauvais mauvaises
propre (clean / neat)	propre	propres propres
froid (cold)	froide	froids froides

Page 22

Paul habite dans une GRANDE maison près du lac. Elle est aussi BLANCHE et ROUGE.

Il y a six personnes dans sa famille. Son père est très SERVIABLE et sa mère est BELLE.

Paul a un PETIT frère et deux soeurs. Il a beaucoup d'animaux domestiques. Son chien,

Max, est NOIR et il est très GENTIL mais Lucille, le chat est MÉCHANT. Paul a un

hamster ADORABLE. Son oiseau est BLEU et INTELLIGENT.

* answers can vary

<table>
<tr><td valign="top">

Page 23

1. généreuse
2. vertes
3. délicieux
4. violettes
5. belles
6. paresseux
7. petits
8. grande
9. noir
10. lourds

</td><td valign="top">

Page 24

1. chaud	9. facile
2. courte, rose	10. effrayés
3. fatigués	11. organisée
4. fort	12. grands
5. nouvelle	13. courageuses
6. riche	14. fantastique
7. content, contente	15. responsables
8. malade	

</td></tr>
</table>

Page 26

1. canadien/canadienne	9. américain/américaine
2. mexicain/mexicaine	10. anglais/anglaise
3. japonais/japonaise	11. portugais/portugaise
4. espagnol/espagnole	12. grec/grecque
5. brésilien/brésilienne	13. français/française
6. russe/russe	14. allemand/allemande
7. italien/italienne	15. australien /australienne
8. chinois/chinoise	

Page 27

1. mexicaine
2. québécoise
3. allemande
4. canadienne
5. italienne
6. espagnole
7. cubaine
8. australienne
9. portugaise
10. américaine
11. suisse
12. africaine
13. irlandaise
14. anglaise

Page 28

1. chinois	5. français
2. américain	6. Mexique
3. l'Espagne	7. La France
4. irlandaise	

Page 29		Page 30	
H		1. b	8. c
D		2. a	9. a
M		3. a	10. c
K		4. b	11. b
B		5. d	12. c
O		6. a	13. d
C		7. b	14. d
L			
E			
N			
A			
J			
I			
G			
F			

Page 31

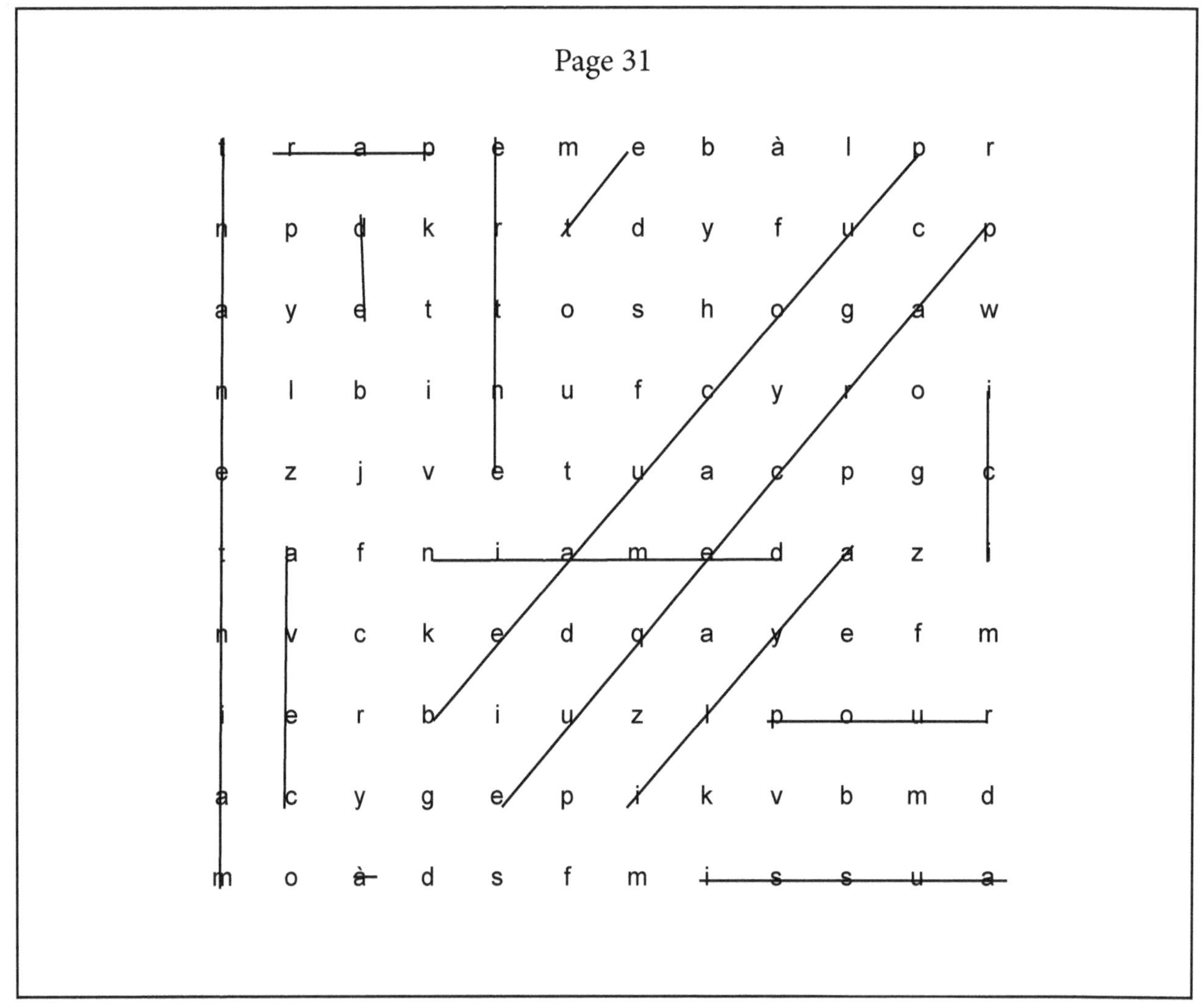

Page 32	
1. beaucoup	7. parce que
2. entre	8. et
3. maintenant	9. avec
4. il y a	10. de
5. à	11. par
6. demain	12. pour

Page 33
G
N
J
B
L
I
D
M
A
O
F
C
H
E
K

Page 35	
1. favorite	7. nouvelle
2. quand	8. toujours
3. vite	9. chaque
4. voici	10. dehors
5. surtout	11. souvent
6. presque	12. hier

Page 36

voici, nouveau, très, aussi, favorite,

surtout, toujours, vite, chaque, quand, et

Page 38

1. Est-ce que tu étudies l'espagnol?

2. Est-ce qu'il regarde la télévision?

3. Est-ce que vous préparez le dîner?

4. Est-ce qu'elles visitent le musée?

5. Est-ce que tu veux aller au centre commercial?

6. Est-ce qu'ils achètent des bonbons?

7. Est-ce que vous nettoyez vos chambres?

8. Est-ce qu'elle aime le cadeau?

<table>
<tr><td colspan="4" align="center">Page 39</td></tr>
<tr><td>1. c</td></tr>
<tr><td>2. a</td></tr>
<tr><td>3. d</td></tr>
<tr><td>4. b</td></tr>
<tr><td>5. c</td></tr>
<tr><td>6. d</td></tr>
<tr><td>7. b</td></tr>
<tr><td>8. c</td></tr>
</table>

Page 40

1. où	9. comment	17. comment
2. pourquoi	10. est-ce qu'elle	18. combien
3. qui	11. combien	19. pourquoi
4. quand	12. qui	20. est-ce que
5. est-ce que	13. qui	21. où
6. quelle	14. qu'est-ce que	22. quand
7. qu'est-ce qu'ils	15. quel	23. quelle
8. où	16. qui	24. qu'est-ce que
		25. où

Page 41

1. Où habite ton grand-père?

2. Comment est ta mère?

3. Qui a un sac à dos bleu?

4. Est-ce que tu préfères le gâteau ou la crème glacée?

5. Quand est l'anniversaire de Jacques?

6. Pourquoi elle est triste?

7. Quelle est ta couleur favorite?

8. Combien d' élèves il y a dans ta classe?

9. Qu'est-ce que tu vas faire ce soir?

Page 42

J	E	A	Ù	W	Q	U	E	L	L	E	S	H	B	Z
S	N	F	H	P	D	E	C	I	M	K	Q	I	A	K
Z	B	Ù	G	K	I	T	V	N	T	A	U	J	Q	E
F	P	O	U	R	Q	U	O	I	G	W	E	P	U	O
M	C	R	L	J	F	B	S	E	Y	O	S	B	I	G
L	A	Y	F	E	Ù	N	K	H	T	M	T	V	L	C
H	U	C	E	M	G	X	Ù	P	N	Q	C	X	S	O
T	I	V	O	D	N	Y	H	R	E	I	E	Q	J	M
L	O	S	N	Ù	R	C	N	W	M	R	Q	I	R	B
B	P	A	Ù	J	Q	M	S	G	M	T	U	Ù	T	I
I	U	N	E	R	M	F	A	D	O	P	E	G	O	E
Q	A	G	O	B	I	Z	O	J	C	I	L	W	E	N

Page 44	
1. elle	9. elle
2. nous	10. ils
3. ils	11. nous
4. il	12. ils
5. vous	13. il
6. il	14. elle
7. ils	15. il
8. elle	16. il

Page 45

1. est
2. es
3. sont
4. sont
5. suis
6. êtes
7. sommes
8. es
9. est
10. suis, suis

Page 46

he is - il est
you are (formal) - vous êtes
they are (feminine)- elles sont
I am - je suis
she is - elle est
you are (familiar) - tu es
they are (masculine) - ils sont
we are - nous sommes

Page 47	
1. est	9. sont
2. sommes	10. est
3. est	11. sommes
4. sont	12. est
5. es	13. est
6. êtes	14. êtes
7. est	15. sont
8. est	

Page 48

1. Le français est facile.	6. Il est beau et intelligent.
2. La fille est belle.	7. Émilie et moi sommes dans la piscine.
3. Je suis très fatigué.	8. Les enfants sont contents aujourd'hui.
4. Les professeurs sont sympas.	9. Vous êtes mécanicien.
5. Tu es américain.	10. Les cahiers sont sur la table.

Page 49

1. avons	4. ont	7. as	10. avez
2. a	5.avez	8. a	
3. J'ai	6. ont	9. J'ai	

<table><tr><td colspan="2">

Page 50

you have (familiar) - tu as

he has - il a

we have - nous avons

they have (masculine) - ils ont

I have - j'ai

you are (formal) - vous avez

she has - elle a

they have (feminine) - elles ont

</td></tr></table>

Page 51

1. a	9. ont
2. ont	10. a
3. as	11. a
4. a	12. avons
5. avez	13. avez
6. a	14. avons
7. a	15. a
8. j'ai	

Page 52

1. Elle a deux frères et trois soeurs.	6. Nous avons beaucoup de chocolats.
2. J'ai une pomme	7. Il a une voiture noire.
3. L' école a quinze professeurs.	8. Camille et moi avons un ordinateur.
4. Tu as un chapeau vert.	9. Vous avez un lapin.
5. Michelle a onze ans.	10. J'ai les yeux bruns.

Page 53

il est - he is

nous avons - we have

tu as - you have (familiar)

je suis - I am

elle est - she is

vous avez - you have (formal)

ils ont - they have (masculine)

tu es - you are (familiar)

il a - he has

nous sommes - we are

j'ai - I have

elle a - she has

ils sont - they are (masculine)

vous êtes - you are (formal)

elles sont - they are (feminine)

Page 54

1. Je	8. Charles et moi
2. Vous	9. Vous
3. Elle	10. Le garçon
4. Ils	11. Elles
5. Tu	12. Tu
6. Je	13. Les animaux
7. Nous	14. Il

avoir	to have
J'ai	I have
Tu as	You have (familiar)
Il a	He has
Elle a	She has
Nous avons	We have
Vous avez	You have (formal)
Ils ont	They have (masc/mixed group)
Elles ont	They have (feminine)

être	to be
Je suis	I am
Tu es	You are (familiar)
Il est	He is
Elle est	She is
Nous sommes	We are
Vous êtes	You are (formal)
Ils sont	They are (masc/mixed group)
Elles sont	They are (feminine)

Page 56

a	m	o	e	i	l	e	s	s	o	n	t
s	t	j	m	w	b	q	u	f	n	c	h
n	p	e	v	o	u	s	ê	t	e	s	m
o	e	s	d	y	a	l	t	o	s	k	a
v	l	u	c	j	t	x	d	e	b	p	i
a	l	i	h	a	z	g	m	a	s	w	d
s	e	s	e	i	c	m	q	t	u	a	s
u	e	q	h	m	o	ê	k	g	d	y	ê
o	s	d	a	s	h	f	z	h	l	b	i
n	t	v	s	t	x	b	i	e	o	u	l
a	ê	u	f	s	k	n	r	n	t	p	s
r	o	y	j	e	u	i	l	a	u	s	o
n	w	c	q	l	a	m	g	v	e	k	n
a	p	x	d	i	k	e	y	o	s	h	t

Page 57	
1. est	9. est
2. êtes	10. sommes
3. a	11. ai
4. sommes	12. est
5. suis	13. ont
6. ont	14. avez
7. as	15. es
8. est	

Page 58	
1. est	9. sont
2. avons	10. es
3. ont	11. est
4. suis, est	12. ai
5. est	13. avons
6. êtes	14. est
7. est	15. as
8. avons	

Page 60

regarder
Je regarde
Tu regardes
Il / Elle regarde
Nous regardons
Vous regardez
Ils / Elles regardent

tomber
Je tombe
Tu tombes
Il / Elle tombe
Nous tombons
Vous tombez
Ils / Elles tombent

aimer
J'aime
Tu aimes
Il / Elle aime
Nous aimons
Vous aimez
Ils / Elles aiment

ranger
Je range
Tu ranges
Il / Elle range
Nous rangeons
Vous rangez
Ils / Elles rangent

Page 61	
1. téléphonez	9. écoute
2. patine	10. travaille
3. voyage	11. visitent
4. étudies	12. détestez
5. partageons	13. jouons
6. porte	14. corrige
7. habitent	15. cherches
8. nageons	

Page 62

M
F
I
A
D
K
C
N
B
G
E
J
H
L

Page 63

1. c
2. a
3. c
4. d
5. b
6. c
7. d

Page 64

1. Vous utilisez l'ordinateur à l'école.

2. Les enfants aiment la crème glacée.

3. Claudette joue au hockey.

4. Mon copain et moi gagnons le match de tennis.

5. Je parle au directeur.

6. Elles patinent sur la glace.

7. Tu voyages au Portugal en été.

* answers can vary

Page 65
Marie danse
Vous chantez
Nous mangeons
Tu marches
Elle aide
Ils participent
J'adore
Il travaille
Les étudiants écoutent
Lucie dessine
Anne et toi jouez

Page 66
célébre, décorent, prépare, porte, arrivent, donnent, mange, écoutent, dansent, chantent, coupe, amusent

Page 68

choisir
Je choisis
Tu choisis
Il / Elle choisit
Nous choisissons
Vous choisissez
Ils / Elles choisissent

réussir
Je réussis
Tu réussis
Il / Elle réussit
Nous réussissons
Vous réussissez
Ils / Elles réussissent

réfléchir
Je réfléchis
Tu réfléchis
Il / Elle réfléchit
Nous réfléchissons
Vous réfléchissez
Ils / Elles réfléchissent

grandir
Je grandis
Tu grandis
Il / Elle grandit
Nous grandissons
Vous grandissez
Ils / Elles grandissent

Page 69

K
F
I
B
L
C
H
D
A
G
J
E

Page 70

1. grandissent

2. vieillit

3. finissons

4. obéis

5. maigris

6. bâtissent

7. remplissez

8. guérit

9. nourrissent

10. choisissons

11. grossit

12. réfléchissent

13. applaudis

14. punit

Page 71

1. Tu bâtis un bonhomme de neige.

2. Paul grossit en hiver.

3. Ma soeur nourrit les oiseaux.

4. Les filles finissent leurs devoirs.

5. Je remplis la bouteille d'eau.

6. Vous grandissez vite.

7. Claudette et moi réussissons l'examen.

* answers can vary

Page 72

Across

2. finir

5. grandir

6. remplir

7. rougir

9. réunir

10. grossir

Down

1. choisir

3. punir

4. maigrir

8. obéir

Page 73

Charles bâtit

Je grossis

Tu remplis

Ils obéissent

Il saisit

Ton frère et toi maigrissez

Je choisis

Le médecin guérit

Elle nourrit

J'accomplis

L'homme vieillit

Pierre finit

Page 74

Elle finit ses devoirs.

Nous remplissons le panier avec des oeufs.

L'homme bâtit.

Le chat grossit.

Vous choisissez la robe noire.

Les arbres grandissent.

descendre
Je descends
Tu descends
Il / Elle descend
Nous descendons
Vous descendez
Ils / Elles descendent

perdre
Je perds
Tu perds
Il / Elle perd
Nous perdons
Vous perdez
Ils / Elles perdent

attendre
J'attends
Tu attends
Il / Elle attend
Nous attendons
Vous attendez
Ils / Elles attendent

vendre
Je vends
Tu vends
Il / Elle vend
Nous vendons
Vous vendez
Ils / Elles vendent

Page 77

1. vend
2. perd
3. descends
4. entendons
5. fond
6. attendent
7. pendent
8. répondez
9. mord
10. rend
11. détends
12. vendons

Page 78

J
D
A
I
C
K
B
E
G
F
H

Page 79

Michelle attend, la crème glacée fond, elle vend, mon ami perd, Henri et moi entendons, J'entends, tu dépends, Charles et moi descendons, la chauve-souris pend, vous attendez, ma famille détend

Page 80

1. c

2. a

3. b

4. d

5. c

6. a

7. b

Page 81

1. Louise vend ses nouvelles chaussures.

2. Je rends l'argent au homme.

3. Vous entendez les feux d'artifice.

4. Ils descendent l'avion.

5. Chantal et moi perdons le jeu de badminton.

6. Tu mords une carotte.

7. Mes cousins attendent le médecin.

* answers can vary

Page 82	
Across	Down

Across	Down
3. dépendre	1. attendre
6. répondre	2. descendre
8. rendre	4. entendre
	5. mordre
	7. perdre

Page 83

1. allons

2. vont

3. vais

4. va

5. allez

6. va

7. vont

8. allons

9. vas

10. vont

Page 84	
1. d	6. b
2. b	7. a
3. a	8. b
4. c	9. a
5. c	10. c

Page 85
He goes - il va
You go (formal) - vous allez
They go (masculine) - ils vont
We go - Nous allons
I go - je vais
She goes - elle va
They go (feminine) - elles vont
You go (familiar) - tu vas

Page 86

1. Il va à la plage avec ses amis.

2. Mes cousins et moi allons au zoo demain.

3. Vous allez au Canada la semaine prochaine.

4. Je vais au magasin pour acheter une nouvelle robe.

5. Céline va au marché avec son grand-père.

6. Les étudiants vont au théâtre.

7. Tu vas à la librairie.

Page 87	
1. fait	7. faites
2. font	8. fais
3. faisons	9. fait
4. fais	10. fait
5. fait	11. font
6. font	12. faites

Page 88

Elles font

Le garçon fait

Tu fais

Zoey et toi faites

Il fait

Sam et Adrien font

Je fais

Daniel et moi faisons

Vous faites

Nadine fait

Les hommes font

Nous faisons

Page 89

1. Nous faisons du kayak

2. Ma tante fait de la cuisine.

3. Je fais un gâteau pour l'anniversaire de mon frère.

4. Vous faites du karaté.

5. Les filles font de la gymnastique.

6. Il fait ses devoirs chaque soir.

7. Nous faisons de la danse.

8. Elle fait des biscuits avec sa soeur.

Page 90 -91	Page 92

<table>
<tr><td>

Page 90 -91

1. Vous faites une pizza.

2. Il fait de la pêche.

3. Je fais du vélo.

4. Ils font du camping.

5. Elle fait du patinage.

6. Je fais de la natation.

7. Nous faisons du ski.

</td><td>

Page 92

1. vois	6. voyez
2. voyons	7. voit
3. voient	8. voyons
4. vois	9. voit
5. voient	10. vois

</td></tr>
<tr><td>

Page 93

Au printemps, je vois...............

En été, je vois ....

En automne, je vois ....

En hiver, je vois.....................

* answers can vary

</td><td>

Page 94

1. Tu vois trois chiens et un chat dans le parc.

2. Nous voyons beaucoup de livres sur la table.

3. Ils voient des fleurs rouges derrière la maison.

4. Les enfants voient l'avion dans le ciel.

5. Elle voit sa cousine à la boulangerie.

6. Je vois la guitare à côté de la télévision.

</td></tr>
<tr><td>

Page 95

I see - Je vois

You see (familiar) - Tu vois

He sees - Il voit

She sees - Elle voit

We see - Nous voyons

You see (formal) - Vous voyez

They see (masculine/mixed group) - Ils voient

They see (feminine) - Elles voient

</td><td>

Page 96

1. Les filles voient les animaux.

2. Tu vois ton oncle à la poste.

3. Mes soeurs et moi voyons la Tour Eiffel.

4. Lucille voit des étoiles.

5. Je vois un grand château.

6. Nicolas et toi voyez beaucoup de poissons dans l'aquarium.

7. Il voit un hélicoptère.

8. Les lapins voient les carottes.

</td></tr>
</table>

Page 97	
1. met	8. mets
2. mettons	9. mettent
3. mettez	10. mettez
4. met	11. mettent
5. mets	12. mettons
6. mettent	13. met
7. met	14. mettez

Page 98
Richard et toi mettez
Ils mettent
Tu mets
Les professeurs mettent
Marie met
Nous mettons
Pierre met

Page 99
1. Elle met les fleurs dans un vase.
2. Vous mettez une veste noire.
3. Les élèves mettent les livres sur l' étagère.
4. Damien met son uniforme pour aller à l'école.
5. Je mets les oeufs dans le frigo.
6. Mes frères et moi mettons nos jouets sous le lit.
7. Tu mets le journal devant la lampe.

Page 100
1. Nous mettons
2. Tu mets
3. James et moi mettons
4. Vous mettez
5. Les garçons mettent
6. Elle met
7. Ils mettent

Page 101	
1. pouvons	8. peuvent
2. peux	9. peut
3. peut	10. peut
4. pouvez	11. pouvons
5. peuvent	12. peux
6. pouvez	13. peut
7. peux	14. pouvez
	15. peuvent

Page 102
1. pouvons
2. peut
3. peuvent
4. peux
5. pouvons
6. peut
7. pouvez

Page 102

1. Tu peux aller au cinéma avec tes amis.

2. Roger et moi pouvons jouer du piano.

3. Elle peut porter la chemise verte.

4. Les enfants peuvent regarder la télévision pour une heure.

5. Mon père peut réparer la voiture.

Page 103

1. voulez	8. veut
2. veux	9. veulent
3. veulent	10. veut
4. voulons	11. voulez
5. veut	12. veut
6. veux	13. voulons
7. veulent	14. veut
	15. veut

Page 104

1. veut

2. veulent

3. veux

4. voulons

5. veux

6. voulez

7. veut

Page 104

1. Ma famille veut une pizza végétarienne.

2. Je veux un nouveau chapeau.

3. Vous voulez manger à votre restaurant favori.

4. Les élèves veulent jouer un jeu en classe.

5. Henri et moi voulons faire du roller.

Page 105

1. sait	8. sais
2. savent	9. sait
3. sait	10. savons
4. sais	11. savent
5. savez	12. sais
6. sais	13. savez
7. savons	14. savent
	15. sait

Page 106

1. Ils savent

2. Nathan sait

3. Vous savez

4. Les écureuils savent

5. Je sais

6. Paul et moi savons

7. Elle sait

Page 106

1.Tu sais sauter à la corde.

2. Elle sait faire du yoga.

3. Les filles savent dessiner très bien.

4. Vous savez écrire un poème.

5. Ma mère sait l'adresse du magasin.

Page 107	
1. dois	8. doivent
2. devez	9. devons
3. doivent	10. doit
4. doit	11. doivent
5. devons	12. dois
6. devez	13. dois
7. dois	14. devons
	15. doit

Page 108

1. devez

2. doit

3. dois

4. devons

5. dois

6. doit

7. doivent

Page 108

1. Nous devons marcher à la bibliothèque ce matin.

2. Sophie doit aider sa grand-mère.

3. Je dois utiliser l'ordinateur pour faire des recherches.

4. Ils doivent aller chez le médecin.

5. Vous devez trouver les clés maintenant.

Page 109	
G	B
K	J
E	H
A	D
C	F
L	I

Page 110	
1. veut	7. veulent
2. sais	8. sait
3. peut	9. veulent
4. veut	10. doivent
5. doivent	11. pouvez
6. pouvons	12. veut
* answers can vary	

Page 111	Page 112

Page 111

Tout le monde sait la solution au problème.

Je dois boire du lait chaque jour.

Michelle et moi voulons aller à la fête.

Vous pouvez regarder votre film favori.

Les étudiants doivent suivre les instructions.

Tu peux chanter au concert.

La fille veut sortir avec ses amies ce soir.

*some answers can vary

Page 112

Lise et moi voulons

Monsieur Claude doit

Ton ami et toi pouvez

Je veux

Le chat peut

Je dois

Tu sais

Émilie et Marc peuvent

Page 114

1. aller préparer

2. vont regarder

3. vais étudier

4. va acheter

5. allons jouer

6. va visiter

7. va sortir

8. vais écrire

9. va nager

10. vont porter

11. va nourrir

12. allons faire

Page 115

1. Il va marcher à la poste.

2. Nous allons aider notre professeur.

3. Tu vas faire de la natation.

4. Vous allez nettoyer la maison.

5. Chantal va choisir un cadeau pour sa tante.

6. Le train va arriver à midi.

7. Les hommes vont couper les arbres.

Page 116

1. Elle va regarder la télévision.

2. Tu vas habiter en France.

3. Les garçons vont gagner le match de soccer.

4. Nous allons voyager à Montréal en été.

5. Je vais planter des fleurs.

6. Thomas va être docteur.

7. Ma mère et moi allons faire des biscuits.

Page 117

1. Je ne suis pas triste.

2. Les professeurs ne sont pas dehors.

3. Mon livre n'est pas sur la table.

4. Il n'y a pas d'animaux au zoo.

5. Vous ne jouez pas au badminton.

6. Elle ne fait pas du canotage.

7. Lisa et moi n'achetons pas les sacs à main.

8. Tu ne lis pas le message.

9. Jean et Paul ne préparent pas le petit déjeuner.

10. Il n'arrive pas à l'heure.

Page 118

1. Nous ne sommes pas canadiens.

2. Il n'y a pas de fleurs dans le vase.

3. Tu n'aimes pas la pizza avec du bacon.

4. Elles ne boivent pas du thé.

5. Mes amis et moi n'allons pas au centre commercial.

6. Vous ne visitez pas le musée en Suisse.

7. Ce n'est pas un grand bateau.

8. Mon oncle ne cuisine pas bien.

9. Il n'est pas poli.

10. Pourquoi tu ne manges pas les bonbons maintenant?

11. Je n'aime pas les pêches.

12. Théo et Claudette ne travaillent pas à la banque.

13. Mon père n'est pas mécanicien.

14. Je n'arrive pas au lycée en voiture.

15. Les enfants ne finissent pas leurs devoirs.

16. Il n'habite pas en Australie.

17. Vous ne perdez pas le match de football.

Page 120

Alex n'est pas un enfant unique. Il n'y a pas trois membres dans sa famille. Ses parents ne sont pas professeurs

et ils ne sont pas très stricts. Alex n'est pas petit et timide. Il n'aime pas jouer aux jeux vidéo et lire.

Les weekends, il ne va pas au parc avec ses amis et il ne visite pas ses cousins. Alex n'a pas de chien, Max.

Il n'est pas très grand et blanc. Max et Alex ne passent pas beaucoup de temps ensemble.

Page 121

1. Je ne veux pas aller à la librairie.

2. Nous ne voyageons pas en Angleterre par train.

3. Ils ne sont pas nerveux pour le test aujourd'hui.

4. Mon frère et moi n'aimons pas le brocoli.

5. Il ne veut pas rester ici.

6. Tu n'es pas content parce qu'il pleut beaucoup.

   Tu es content parce qu'il ne pleut pas beaucoup.

7. Chantal ne porte pas une belle robe jaune.

Page 122

1. Je ne suis pas fatigué.

2. Je n'aime pas les kiwis.

3. Je ne porte pas un chapeau à l' école.

4. Je ne parle pas espagnol.

5. Je ne fais pas du karaté.

6. Je ne patine pas sur la glace.

7. Je ne mange pas des oeufs.

8. Je n'écoute pas la musique hip hop.

9. Je ne joue pas du piano.

10. Je n'aime pas l'hiver.

Page 124

1. c
2. b
3. a
4. c
5. b
6. a
7. b
8. b

Page 125

1. mon chat   7. mes livres

2. leur vélo   8. votre voiture

3. nos chaussures   9. sa maison

4. son frère   10. notre gâteau

5. ta gomme   11. leurs jouets

6. son oncle   12. sa trousse

Page 126

1. mon   8. notre

2. son   9. leurs

3. nos   10. mon

4. leurs   11. votre

5. votre   12. sa

6. mes   13. son

7. ta   14. notre

se laver
Je me lave
Tu te laves
Il / Elle se lave
Nous nous lavons
Vous vous lavez
Ils / Elles se lavent

se coucher
Je me couche
Tu te couches
Il / Elle se couche
Nous nous couchons
Vous vous couchez
Ils / Elles se couchent

se raser
Je me rase
Tu te rases
Il / Elle se rase
Nous nous rasons
Vous vous rasez
Ils / Elles se rasent

se maquiller
Je me maquille
Tu te maquilles
Il / Elle se maquille
Nous nous maquillons
Vous vous maquillez
Ils / Elles se maquillent

Page 129

1. te réveilles
2. se repose
3. se coupent
4. vous amusez
5. nous bronzons
6. se brosse
7. me peigne
8. se battent
9. se fâche
10. nous promenons
11. s'habillent
12. se dépêche

Page 130

se brosser	se peigner	se réveiller
s'amuser	s'habiller	se laver
se baigner	se maquiller	se coucher

Page 132

parler
J'ai parlé
Tu as parlé
Il / Elle a parlé
Nous avons parlé
Vous avez parlé
Ils / Elles ont parlé

choisir
J'ai choisi
Tu as choisi
Il / Elle a choisi
Nous avons choisi
Vous avez choisi
Ils / Elles ont choisi

vendre
J'ai vendu
Tu as vendu
Il / Elle a vendu
Nous avons vendu
Vous avez vendu
Ils / Elles ont vendu

Page 133	
1. avez voyagé	13. a corrigé
2. ont vendu	14. ont nettoyé
3. ai acheté	15. a utilisé
4. ont fini	16. a oublié
5. a perdu	17. avez mangé
6. avons gagné	18. avez entendu
7. ont nagé	19. a visité
8. a preparé	20. ont obéi
9. avez rempli	21. a sauté
10. ai aidé	22. a arrosé
11. ont grandi	23. as nourri
12. as attendu	24. ont répondu

Page 135	
1. a lu	7. a pris
2. ai vu	8. a mis
3. avons fait	9. a voulu, a dit
4. as bu	10. avons fait
5. a ouvert	11. ai écrit
6. avons appris, avez visité	

Page 136

1. J'ai visité le théâtre avec Émilie.

2. Nous avons mangé des biscuits et nous avons bu du lait.

3. Michelle a joué au badminton avec Sally.

4. La souris a mordu le fromage.

5. Les filles ont porté des uniformes bleus.

6. Tu as mis le chapeau sur le sofa.

7. Ils ont fait du ski.

8. Tu as ramassé les déchets par terre.

9. Gérard et moi avons partagé des bonbons avec nos amis.

10. Elles ont bâti un château de sable.

11. J'ai rendu visité à ma tante.

12. Vous avez appris à cuisiner.

13. Au printemps, la glace a fondu vite.

14. Ma mère a rôti un poulet avec des légumes pour le dîner.

15. Les cours ont commencé à neuf heures quinze du matin.

Page 138

1. Mon père a travaillé à la poste.

2. J'ai écouté de la musique pour deux heures.

3. Henri a acheté un pullover blanc.

4. Tu as étudié pour le test de mathématiques.

5. Charles et moi avons célébré nos anniversaires à notre restaurant

favori.

6. Elle a chanté au concert.

7. Sa tante a préparé des sandwichs ce matin.

Page 140

1. es sorti

2. est arrivé

3. sommes allés

4. est partie

5. est mort

6. êtes restés

7. est né

8. suis descendu

9. est devenue

10. sont rentrées

Pronoun	Present Tense of ÊTRE	Past participle
Je	suis	sorti / sortie
Tu	es	retourné / retournée
Il	est	arrivé
Elle	est	devenue
Nous	sommes	entrés / entrées
Vous	êtes	revenu/ revenue / revenus / revenues
Ils	sont	restés
Elles	sont	parties
Marc et moi	sommes	allés
Les femmes	sont	tombées
Le singe	est	monté
Adrien et toi	êtes	rentrés
Les enfants	sont	descendus
La fille	est	venue

Page 142

1. Olivia est allée au centre commercial avec ses amis.

2. Je suis arrive à l' école à huit heures du matin.

3. Tu es resté à la maison de ta grand-mère.

4. David et Gerald sont venus à la fête.

5. Nous sommes nés au Canada.

Page 143

1. Tu n'as pas écouté le professeur.

2. Elles ne sont pas allées au musée.

3. Monsieur Gilbert n'a pas rendu les papiers.

4. Je ne suis pas sorti(e) avec mon cousin.

5. Vous n'avez pas nettoyé la maison.

6. Pauline et moi ne sommes pas arrivés/arrivées en avion.

7. Il n'est pas mort.

8. Je n'ai pas mangé le hotdog.

9. Luc et Marie n'ont pas bâti un bonhomme.

10. Tu n'es pas venu au restaurant.

Page 144-145

1. Je n'ai pas vendu mon vélo.

2. Ils ne sont pas partis à trois heures de l'après-midi.

3. Nathan et Paul n'ont pas rangé la chambre.

4. Tu n'as pas grossi beaucoup.

5. Les étudiants n'ont pas réussi l'examen.

6. Natalie n'a pas lu dix livres.

7. Daniel et moi n'avons pas fait du camping.

8. Vous n'avez pas vu les pandas.

9. Tu n'es pas allé à un concert la semaine passée.

10. Elle n'a pas gagné une médaille.

11. Ils n'ont pas coupé le gâteau ensemble.

12. Olivia et James n'ont pas sali le tapis avec leurs bottes.

13. Paul n'est pas né le cinq septembre.

14. Je n'ai pas compris la question.

15. Les élèves ne sont pas entrés dans la salle de classe vite.